社会保険の動向

■ 保険料・適用関係

令和6年度 実施事項のポイント	全国健康保険協会管掌健康保険（協会けんぽ）の一般保険料率は、都道府県ごとに変更が行われます。介護保険料率は引き上げられました。また、国民年金の保険料の改定が行われています。

● 協会けんぽの一般保険料率・介護保険料率（令和6年3月分（4月納付分）～）

協会けんぽの令和6年度の全国平均保険料率は、10％を維持したうえで、各都道府県支部の医療給付費等の実績に基づき、新たな保険料率に見直されました。また、介護保険料率は、1.60％（令和5年度は1.82％）に引き下げられました。

令和6年2月分（3月納付分）まで
一般保険料率
9.33～10.51％
基本保険料率:5.76～6.94％
特定保険料率:3.57％
介護保険料率:1.82％

→

令和6年3月分（4月納付分）から
一般保険料率
9.35～10.42％
基本保険料率:5.93～7.00％
特定保険料率:3.42％
介護保険料率:1.60％

*任意継続被保険者の一般保険料率・介護保険料率は、4月分（4月納付分）からの適用となります。

■ 都道府県単位保険料率　一般保険料率（基本保険料率＋特定保険料率）　（単位:/1000）

北海道	102.1	栃木	97.9	石川	99.4	滋賀	98.9	岡山	100.2	佐賀	104.2
青森	94.9	群馬	98.1	福井	100.7	京都	101.3	広島	99.5	長崎	101.7
岩手	96.3	埼玉	97.8	山梨	99.4	大阪	103.4	山口	102.0	熊本	103.0
宮城	100.1	千葉	97.7	長野	95.5	兵庫	101.8	徳島	101.9	大分	102.5
秋田	98.5	東京	99.8	岐阜	99.1	奈良	102.2	香川	103.3	宮崎	98.5
山形	98.4	神奈川	100.2	静岡	98.5	和歌山	100.0	愛媛	100.3	鹿児島	101.3
福島	95.9	新潟	93.5	愛知	100.2	鳥取	96.8	高知	98.9	沖縄	95.2
茨城	96.6	富山	96.2	三重	99.4	島根	99.2	福岡	103.5		

● 日雇特例被保険者の保険料額（令和6年4月納付分～）

日雇特例被保険者の保険料額は、平均保険料率に変更はないものの、介護保険料率が改定されたため、介護保険第2号被保険者である日雇特例被保険者の保険料額のみ変更されました。

(1) 介護保険第2号被保険者である日雇特例被保険者の保険料額

標準賃金 日額の 等級	日雇特例被保険 者に関する 保険料額	当該被保険者の 負担すべき額	当該被保険者を 使用する事業主 の負担すべき額
第 1 級	440円	170円	270円
第 2 級	660円	255円	405円
第 3 級	860円	330円	530円
第 4 級	1,100円	420円	680円
第 5 級	1,320円	505円	815円
第 6 級	1,620円	620円	1,000円
第 7 級	2,000円	765円	1,235円
第 8 級	2,380円	910円	1,470円
第 9 級	2,760円	1,055円	1,705円
第 10 級	3,220円	1,230円	1,990円
第 11 級	3,760円	1,435円	2,325円

（令和6年4月納付分から）

(2) (1)に掲げる者以外の日雇特例被保険者の保険料額

標準賃金 日額の 等級	日雇特例被保険 者に関する 保険料額	当該被保険者の 負担すべき額	当該被保険者を 使用する事業主 の負担すべき額
第 1 級	390円	150円	240円
第 2 級	570円	220円	350円
第 3 級	740円	285円	455円
第 4 級	940円	360円	580円
第 5 級	1,140円	435円	705円
第 6 級	1,400円	535円	865円
第 7 級	1,730円	660円	1,070円
第 8 級	2,050円	785円	1,265円
第 9 級	2,380円	910円	1,470円
第 10 級	2,770円	1,060円	1,710円
第 11 級	3,230円	1,235円	1,995円

（変更なし）

● 船員保険の保険料率（令和6年3月分～）

令和6年度の船員保険の一般保険料率の被保険者負担率は4.85％（令和5年度4.75％）に、船舶所有者負担率は6.10％（令和5年度と同じ）になりました。

介護保険料率は、令和6年度は1.59％（令和5年度1.69％）に引き下げられました。

●厚生年金保険料率は、183/1000で固定されています（平成29年9月～）

厚生年金保険料率は、平成29年9月から一般被保険者・坑内員・船員とも183/1000に統一されています。また、平成27年10月から厚生年金保険に加入している公務員、私学教職員のうち、私学教職員を除き保険料率は183/1000に統一されています。私学教職員の厚生年金保険料率は、毎年4月に段階的に引き上げられ、令和9年4月に183/1000に統一されます（43頁参照）。

> **子ども・子育て拠出金率**
>
> 子ども・子育て拠出金にかかる子ども・子育て拠出金率は、令和6年4月分からは、令和6年3月分までと変わらず3.6／1000です。

●国民年金保険料は、16,980円になります（令和6年4月～）

国民年金保険料は、法律で定められた額に保険料の改定率を掛けて毎年度改定されます。平成31年4月から産前産後期間の保険料免除が始まったことで、定められた額が100円引き上がって17,000円となりました。令和6年度は、この額に保険料改定率を掛けた16,980円（前年度から460円引き上げ）となりました。令和7年度はここから530円引き上がり、17,510円となることが決まっています。

■保険料額

令和6年度	16,980円
令和7年度	17,510円

●延滞金の割合は前年同率に（令和6年1月～）

国民年金保険料、厚生年金保険料、健康保険料および子ども・子育て拠出金等にかかる延滞金の割合は、令和6年1月からも「年8.7％（納期限の翌日から3月を経過する日までの期間は年2.4％）」で据え置きとなりました。

●厚生労働大臣が定める現物給与の価額が改正されました（令和6年4月～）

通貨以外のもので支払われる報酬等のうち、食事で支払われる報酬等にかかる現物給与価額が改正されました。なお、住宅で支払われる報酬等およびその他の報酬等については改正が行われません。令和6年4月1日から適用される現物給与の価額は、97頁の一覧表をご確認ください。

●短時間労働者等の適用拡大（令和6年10月～）

短時間労働者への被用者保険の適用要件のうち、企業規模要件が令和4年10月に「従業員100人超」まで引き下げられましたが、令和6年10月からは「従業員50人超」まで引き下げられます。勤務期間要件は、令和4年10月に「2ヵ月を超えて使用される見込みがある者」に拡大されています。

■適用対象の変化

	事業所の規模	労働時間	賃金	勤務期間	学生除外
～令和4年9月	常時500人超	週所定労働時間20時間以上	月額88,000円以上	1年以上見込み	学生ではない
令和4年10月～	常時100人超	変更なし	変更なし	2ヵ月超見込み	変更なし
令和6年10月～	常時50人超	変更なし	変更なし	変更なし	変更なし

●ワクチン接種業務に従事する医療職の被扶養者の収入確認の特例（～令和6年3月）

新型コロナウイルスワクチン接種業務に従事する医療職の被扶養者についての収入確認の特例は、令和6年3月末までに延長されています。令和3年4月から令和6年3月までのワクチン接種業務に対する給与収入については、健康保険の被扶養者及び国民年金の第3号被保険者の認定・資格確認の際に、収入に算定されません。令和6年4月以降は、特例の再延長を行わないことを前提に、今後の状況を踏まえて検討されます。

特例の対象者

ワクチン接種業務に従事する医療職

（医師、歯科医師、薬剤師、保健師、助産師、看護師、准看護師、診療放射線技師、臨床検査技師、臨床工学技士、救急救命士）

「年収の壁・支援強化パッケージ」について

　パート・アルバイトなどで働く短時間労働者が「年収の壁」を意識せずに働ける環境づくりを支援するため、「年収の壁・支援強化パッケージ」が令和5年10月から開始されています。

「年収の壁」とは

会社員・公務員の配偶者で健康保険（共済組合）の被扶養者や国民年金の第3号被保険者となっている短時間労働者が、年収が一定水準を超えることで扶養からはずれてしまい、保険料負担が発生して手取り収入が減ってしまうことから、就業調整してしまうこと。

■年収の壁による手取り収入の変化 （イメージ）

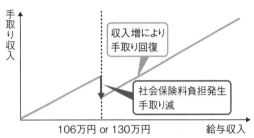

■「106万円の壁」への支援策

106万円の壁

　従業員101人以上の企業で働く短時間労働者が年収106万円以上になるなどすると、健康保険・厚生年金に加入し保険料負担が発生するため、これを避けて就業調整してしまうこと。

【支援策】

　短時間労働者が新たに健康保険・厚生年金に加入することで手取り収入を減らさない取り組みを実施する企業に対し、労働者1人あたり最大50万円のキャリアアップ助成金（社会保険適用時処遇改善コース）が支給されます。また、社会保険適用に伴い、保険料負担が生じた分の手当を支給した場合、その手当分は保険料の算定対象としないことで（本人負担分まで）、手当を支給しやすくします。

【助成金対象の取り組み内容】

・賃上げによる基本給の増額
・所定労働時間の延長
・社会保険適用促進手当（健康保険・厚生年金の保険料負担軽減のための手当）の支給

※社会保険適用促進手当は、本人負担分の保険料相当額を上限として標準報酬月額の算定に考慮されません（標準報酬月額10.4万円以下の人が対象、最大2年間）。

■「130万円の壁」への支援策

130万円の壁

　主に従業員100人以下の企業で働く短時間労働者が年収130万円以上となると、国民健康保険・国民年金に加入し保険料負担が発生するため、これを避けて就業調整してしまうこと。

【支援策】

　一時的に年収が130万円以上となる場合、被扶養者認定の際に「人手不足による労働時間延長等に伴う一時的な収入変動である旨の事業主の証明」を添付することで、引き続き被扶養者として認定される場合があります（総合的に判断されます）。連続して2回までの認定が上限となります。

例　毎月10万円で働くパートの方が残業により一時的に収入が増え、年収130万円以上になった場合

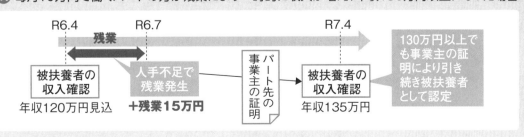

■ 医療保険関係

●国民健康保険（市町村国保）の産前産後期間の保険料免除制度開始（令和6年1月〜）

　子育て世代の負担軽減、次世代育成支援等の観点から、令和5年11月1日以降に出産予定、または出産した国民健康保険（市町村国保）被保険者の保険料を免除する制度が創設されました。（受付は令和6年1月から）

　妊娠85日（4ヵ月）以上の出産が対象で、死産や流産、早産および人工妊娠中絶の場合も含みます。出産予定月（出産月）の前月から出産予定月（出産月）の翌々月までの4ヵ月間（多胎妊娠の場合は6ヵ月間）の保険料（所得割・均等割）が免除されます。

　国民年金にはすでに平成31年4月から、同様の産前産後期間について保険料が免除される制度があります。また、政府は、こども未来戦略会議において国民年金の育児期間保険料免除制度の創設を検討しており、令和8年度までの実施を目指しています。

■保険料が免除される期間

	3ヵ月前	2ヵ月前	1ヵ月前		1ヵ月後	2ヵ月後	3ヵ月後
単胎の方				出産予定月*			
多胎の方				出産予定月*			

［　］…免除期間

*出産後の届出の場合は出産月。

●後期高齢者医療制度の改正（令和6年4月〜）

　現役世代の負担軽減を図り、全世代型社会保障を構築する改革の一環として、後期高齢者医療制度が改正されました。

　出産育児一時金が50万円に引き上げられたことに伴い、令和6年度から75歳以上の後期高齢者が一時金の7%を「出産育児支援金」として負担するしくみが設けられました。激変緩和措置として、6〜7年度は支援対象額が2分の1に軽減されます。

　また、令和6年度から、後期高齢者医療制度の医療給付費のうち75歳以上が負担する割合が引き上げられることに伴い、後期高齢者の保険料額が引き上げられます。低所得者に負担増が及ばないよう、応能分の引き上げ（賦課限度額と所得割比率の引き上げ）で制度改正分が賄われるため、負担増となるのは所得割を負担している年金収入153万円以上の被保険者です。なお、激変緩和措置により、6年度は年金収入211万円を超える人のみが負担増となり、7年度から153〜211万円の人も負担増となります。

■後期高齢者の保険料額（年額）への影響（収入別）　※厚生労働省試算

	年収80万円	年収200万円	年収400万円	年収1,100万円
制度改正前	15,100円	86,800円	217,300円	670,000円
令和6年度	15,100円	86,800円	231,300円	730,000円
令和7年度	15,100円	90,700円	231,300円	800,000円

医療保険のオンライン資格確認について

■従来の健康保険証は令和6年12月2日に廃止予定

　保険医療機関等の窓口で健康保険証の代わりにマイナンバーカード（いわゆる「マイナ保険証」）を提示することで医療保険資格を確認できる「オンライン資格確認」の導入が推進されています。令和5年4月からは原則すべての医療機関・薬局にシステムの導入が義務づけられ、令和6年1月時点で約9割の医療機関・薬局で運用が開始されています。令和6年12月2日には従来の保険証の新規発行は廃止され、マイナ保険証に一本化されることが決まっています。

■オンライン資格確認システムの導入状況 ※2024年1月21日時点

	運用開始施設数	全施設数
保険医療機関・薬局全体	206,532施設（90.0%*）	229,403
義務化対象施設	199,750施設（96.2%）	207,626

＊施設種別の運用開始割合（全体）：病院97.9%、医科診療所89.2%、歯科診療所85.2%、薬局95.5%

■マイナ保険証の利用方法と利用できないとき

　マイナ保険証を利用するためには、マイナンバーカードを作成したうえで、マイナポータルやセブン銀行のATM、市区町村の住民向け端末などで保険証利用の申し込みを行う必要があります。マイナ保険証を利用すると医療機関等の業務負担が軽減するため、初診・調剤の場合に従来の保険証を利用する場合より医療費への加算金が低くなります（薬剤情報などの提供に同意した場合。再診は同じ）。

■マイナ保険証対応医療機関等での加算金

（令和6年1月〜・3割負担の場合）

	初診	再診	調剤
従来の保険証	12円	0円	9円
マイナ保険証	6円	0円	3円

　データ登録の遅れなどによりマイナ保険証が利用できない場合に備え、厚労省は、初めてマイナ保険証で医療機関等を受診する場合や、転職等により新しい保険証が交付された場合などは、受診前にマイナポータルで保険資格が登録されていることを確認するか、マイナ保険証とあわせて従来の保険証を持参するよう求めています。それでも資格確認ができなかった場合、窓口で「被保険者資格申立書」に記入して提出することで、自己負担分のみの支払いになります。

■従来の保険証が廃止された後の受診方法

　令和6年12月2日に従来の保険証が廃止された後は、原則マイナ保険証による受診となります。発行済みの従来保険証は経過措置として最大1年間（先に有効期間が到来する場合は有効期間まで）使用できます。マイナ保険証未対応の医療機関等を受診する場合は、マイナ保険証と保険者が資格取得時などに発行する「資格情報のお知らせ」を提示することで受診が可能です。また、事情がありマイナンバーカードを取得していない人などは保険者が発行する「資格確認書」で受診します。

マイナ保険証のメリット

●就職や転職をしてもそのまま使える

　就職や転職、引越しなどで健康保険証が変わるときも、新保険証の発行を待たずにカードで受診できます。

※保険者への加入・資格喪失などの届出は引き続き必要です。

●特定健診や薬剤の情報を確認・共有できる

　マイナポータルで特定健診の結果や処方された薬剤の情報を確認できます。また、本人が同意すれば医師等と情報を共有できます。

●限度額適用認定証がなくても支払いが限度額までになる

　マイナ保険証対応医療機関では、医療費が高額になったとき、限度額適用認定証がなくても窓口での支払い額が高額療養費制度の限度額までになります。

※自治体独自の医療費助成等については書類の提示が必要です。

●確定申告で医療費通知情報を自動入力できる

　マイナポータルで医療費通知情報を確認できます。また、確定申告で医療費控除を申請する際に医療費通知情報を自動入力できます。

■ 年金関係

令和6年度 実施事項のポイント

　令和6年度の年金額は、令和5年の名目手取り賃金変動率がプラス3.1%で、物価変動率がプラス3.2%となったため、名目手取り賃金変動率（プラス3.1%）により改定されます。ここから、マクロ経済スライドのマイナス0.4%を差し引き、2.7%の引き上げとなりました。

　また、在職老齢年金の基準となる支給停止調整額が48万円から50万円に改定されました。

● 令和6年度の年金額はプラス2.7%

　令和6年度の年金額を決める根拠となるのは、対前年の物価変動率や名目手取り賃金変動率です。物価変動率はプラス3.2%、名目手取り賃金変動率はプラス3.1%でした。

　「賃金変動率・物価変動率ともにプラスで、物価変動率が賃金変動率を上回る」ときには、年齢に関わらず賃金変動率（プラス3.1%）を基準に改定されます。

　令和6年度は、マクロ経済スライドの調整率マイナス0.4%が乗じられ、その結果、プラス2.7%の改定となりました。

■ 令和6年度の主な年金額等（新規裁定者の額）

項　目	年金額等
老齢基礎年金（満額）	816,000円
障害基礎年金（1級）	1,020,000円
障害基礎年金（2級）	816,000円
遺族基礎年金	816,000円
子の加算額（1人目・2人目）	234,800円
子の加算額（3人目以降）	78,300円
配偶者加給年金額	234,800円
遺族厚生年金の中高齢寡婦加算額	612,000円

● 在職老齢年金の支給停止調整額が変更に（令和6年4月～）

　令和6年度は、在職老齢年金（76頁、82頁）の支給停止額の計算に用いられる「支給停止調整額」が48万円から50万円に改定されます。

　令和4年3月までは、60歳以上65歳未満の減額基準額は28万円でしたが、シニア世代の就労促進のため、また、制度をわかりやすくするために、令和4年4月から65歳以上と同じ額に引き上げられています。

在職老齢年金の支給停止調整額（60歳以上65歳未満、65歳以上共通）

令和5年度	→	令和6年度
48万円		50万円

● 年金受給者向け電子送付・電子申請サービスが始まっています

● 公的年金等源泉徴収票の電子送付サービス（令和5年1月～）

　日本年金機構は、年金受給者がマイナポータル経由で「公的年金等源泉徴収票」の電子データを受け取れるサービスを開始しました。電子データはオンラインでの確定申告に利用できます。電子データを受け取るには、事前にマイナポータルからねんきんネットの利用登録および電子送付の希望登録を行う必要があります。

● 扶養親族等申告書の電子申請サービス（令和5年9月～）

　日本年金機構は、老齢年金から源泉徴収する所得税額を計算するのに必要な「公的年金等の受給者の扶養親族等申告書」をマイナポータル経由でスマホ等で電子申請できるサービスを開始しました。電子申請では、前年の申告内容が表示されるので、変更がある場合は修正して提出します。利用にはマイナポータルからねんきんネットの利用登録が必要で、申請にはマイナンバーカードに設定した「署名用電子証明書パスワード」が必要です。

2 社会保険の適用
（健康保険・厚生年金保険）

社会保険の通常業務（1年度間）

月	業務	届出	期限
4月	入社	健康保険・厚生年金保険 被保険者資格取得届	5日以内 （船員は10日以内）
5月			
6月			
7月	定時決定	被保険者報酬月額算定基礎届	7/1〜7/10 まで
	（夏期） 賞与支給	被保険者賞与支払届	5日以内
8月			
9月		標準報酬月額改定	9月から
10月	随時改定	被保険者報酬月額変更届	昇給などから 4ヵ月目
11月			
12月	（冬期） 賞与支給	被保険者賞与支払届	5日以内
1月			
2月			
3月	退職	健康保険・厚生年金保険 被保険者資格喪失届	5日以内 （船員は10日以内）

適用事業所と被保険者

　健康保険・厚生年金保険に加入している事業所（適用事業所）で常用的使用関係にある人は健康保険と厚生年金保険の被保険者となります。加入やその手続き・保険料の納付などは、事業主の責任で行われます。

適用事業所と任意適用事業所

●5人以上事業所および法人事業所は強制適用

　健康保険および厚生年金保険が適用される事業所を「適用事業所」といいます。①常時5人以上の従業員を使用している適用業種の個人事業所、②常時1人以上の従業員を使用している法人事業所は、すべて健康保険・厚生年金保険に加入しなければなりません（強制適用）。

●その他の事業所は任意に社会保険に加入

　強制適用に該当しない事業所は、被保険者となるべき者の半数以上の同意を得て厚生労働大臣の認可を受け、健康保険・厚生年金保険に加入することができます（任意適用）。

　この場合、加入を希望しない者も含め一括加入します。また、被保険者の4分の3以上が希望すれば、任意適用事業所を脱退することができます。

＊農林水産業やサービス業の一部など。士業の個人事業所は令和4年10月より適用業種。

被保険者となる人・ならない人

●被保険者は実態的な使用関係に基づく

　適用事業所に使用される人は、本人の意思や、国籍、報酬の多寡を問わず、健康保険・厚生年金保険の被保険者となります。

　「使用される」かどうかは、法律上の雇用契約の有無ではなく、事業主と働く人との間に実態的な使用関係があるかどうかを報酬の支払いや稼働状況、人事管理の有無などを総合的に勘案して判断されます。

●一般被保険者にならないケース

　適用事業所に使用されていても、日々雇い入れられる人や臨時に短期間使用される人などは、健康保険・厚生年金保険の一般被保険者から除外されます。ただし、これらの人も、常用的使用関係と認められる場合や、下図右欄の場合は、一般被保険者となります。

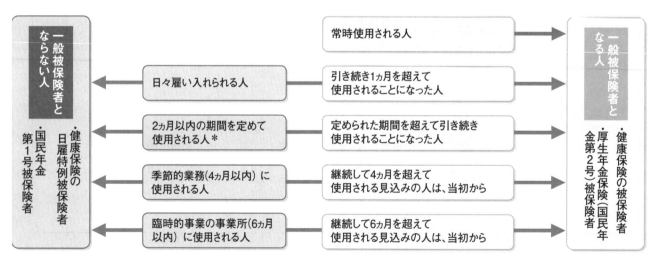

＊有期の雇用契約が1日もしくは数日の間を空けて再度行われる場合においても、あらかじめ事業主と被保険者との間で次の雇用契約の予定が明らかな場合など、事実上の使用関係が存続していると実態で判断される場合には、被保険者資格は喪失しません。

※所在地が一定しない事業所に使用される人は、国民健康保険・国民年金に加入します。

※パートタイマー・短時間労働者については、9頁の「パートタイマー・短時間労働者の適用」をご参照ください。

パートタイマー・短時間労働者の適用

1 4分の3基準を満たしたパートタイマーは被保険者に

パートタイマー（短時間就労者）でも、1週間の所定労働時間および1ヵ月間の所定労働日数が同じ事業所で同様の業務に従事している一般社員の4分の3以上である人は、被保険者とされます。

2 4分の3基準未満でも特定適用事業所等に勤務する短時間労働者は被保険者となることも

1週間の所定労働時間、または、1ヵ月間の所定労働日数が4分の3未満であっても、特定適用事業所等*に使用され、次の❶～❹の条件をすべて満たす短時間労働者は、被保険者となります。

> ❶ 1週間の所定労働時間が20時間以上あること
> ❷ 雇用期間が2ヵ月を超えて見込まれること
> ❸ 月額賃金が88,000円以上であること
> ❹ 高等学校の生徒、大学の学生等でないこと

*特定適用事業所等とは：同一事業主（法人番号が同一）の適用事業所の被保険者数（短時間労働者を除く）の合計が、1年で6ヵ月以上、100人を超えることが見込まれる事業所。および国・地方公共団体に属する事業所、労使合意に基づき申出をした100人以下の任意特定適用事業所。
令和6年10月から事業所規模が51人以上に拡大（2頁参照）。

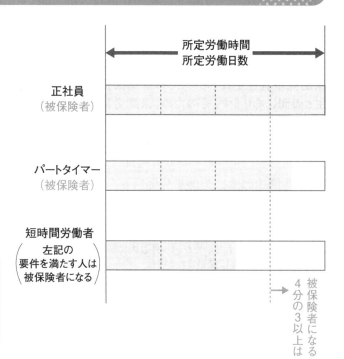

● 被保険者の雇用条件が変更となった場合の届出

被保険者の雇用条件が変更となり、4分の3基準以上となったり、基準未満となった場合は、5日以内に「被保険者区分変更届」を提出してください。

［任意特定適用事業所］労使合意による加入・脱退（平成29年4月～）

加　入

特定適用事業所以外の事業所の事業主は、過半数で組織する労働組合の同意または労働者の過半数を代表する者の同意を得て4分の3基準を満たさないパートタイマー（特定4分の3未満短時間労働者）を被保険者とすることができます。

脱　退

4分の3以上で組織する労働組合または4分の3以上の労働者を代表する者の同意を得て、被保険者としない申出をすることができます。

短時間正社員制度による被保険者資格

「短時間正社員」とは、フルタイムの正規労働者と比べて、所定労働時間（所定労働日数）が短い正規型の労働者をいいます。

企業内において、労働契約、就業規則および給与規程等に、短時間正社員に係る規程があることが必要で、右のいずれにも該当する場合に、被保険者となります。

> ❶ 期間の定めのない労働契約が締結されていること
> ❷ 時間当たり基本給及び賞与・退職金等の算定方法が、同一事業所に雇用される同種のフルタイムの社員と同等であること

派遣労働者の社会保険加入は派遣元事業主の責任

派遣労働者は、派遣された先の事業主の指揮命令の下で就労しますが、給与の支払いや就業規則の規定は派遣元が責任を負うため、その雇用関係は派遣元事業主との間にあります。そのため、派遣労働者に被保険者資格があれば、健康保険・厚生年金保険の加入手続きは、派遣元の事業主が行うことになります。

派遣労働者の派遣期間が終了し、次の派遣までの間の社会保険は、原則として派遣労働者本人が国民健康保険や国民年金に加入することになります。ただし、待機期間が1ヵ月を超えずに次の雇用契約が確実に見込まれる場合は、被保険者資格が継続できます。

●待機中の登録型派遣労働者が資格喪失となる例

派遣元に登録されている人が、派遣先A社雇用契約終了日において、派遣先B社との1ヵ月以上の雇用契約が確実に見込まれていたが、1ヵ月以内に契約が締結されないことが確実に見込まれる場合

派遣元に登録されている人が、派遣先A社雇用契約終了日において、派遣先B社との1ヵ月以上の雇用契約が確実に見込まれていたが、1ヵ月を過ぎてしまった場合

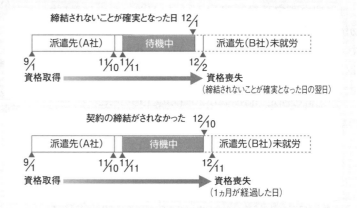

その他の被保険者資格の取り扱い

出向労働者は？

関連会社への出向の場合、出向元の事業所の資格を喪失し、新たに出向先の事業所において資格を取得することになります。

ただし、今までの事業所との使用関係も存続させながら、出向先においても使用関係が始まる場合は、2つ以上の事業所に勤務することになるため、どちらかの保険を分掌する年金事務所を選択し、「被保険者所属選択・二以上事業所勤務届」を提出します。

外国人の社員は？

外国人は、適用除外（日々雇い入れられる場合）に該当しない限り、被保険者となります。ただし、技術導入などのために外国企業から派遣されてきた外国人社員は、被保険者とはなりません。また、一時的に日本に派遣される外国人社員は、社会保障協定により被保険者とはならないことがあります。

なお、厚生年金保険の加入期間が6ヵ月以上ある外国人で年金の加入期間の短い人が日本国内に住所を有しなくなったときは、厚生年金保険から脱退一時金を受けることができます。

※医療滞在ビザで滞在する外国人については、国民健康保険法および高齢者医療制度の適用は除外されます。

転勤の場合は？

転勤の場合は資格の「喪失届」「取得届」を提出する必要があります（本社で社会保険を一括管理している場合、資格得喪の手続きは不要です）。

なお、転勤の場合は、転勤したその日が資格喪失日となります。たとえば、3月31日付で転勤の場合は、3月31日がこれまでの事業所の資格喪失日であり、転勤先の事業所の資格取得日となります。

法人の代表者は？

株式会社、有限会社などの理事、監事、取締役、代表社員など法人の代表者であっても、労働を提供し、その対償として報酬を得ている以上は、「法人に使用される人」と扱われるため被保険者の資格を取得します。また、個人事業主は、あくまでも使用者ですから、被保険者にはなれません。

在学中の職業実習生は？

在学のまま職業実習をする最高学年の学生については、卒業後の就職予定先である適用事業所で実習する場合は、被保険者として扱います。

試用期間中の者は？

長期の予定で適用事業所に雇用された人が、当初の一定期間を試用期間とされた場合であっても、最初に雇用された日に被保険者となります。

一時帰休の場合は？

一時帰休をやむなくされた場合であっても、休業手当等が支払われていれば、給料が下がっただけで使用関係は引き続き成立しているとみなされ、被保険者資格は存続します。

自宅待機の場合は？

新たに雇用されることになった人が、当初から自宅待機とされた場合は、雇用契約が成立していて、かつ休業手当等が支払われていれば、休業手当等の支払の対象となった日の初日に被保険者となります。ただし、休業手当等の支払がない場合は、労働の提供と報酬の支払がないため事実上の使用関係が認められず、この場合は、実際に就労を開始した日から被保険者となります。

休職の場合は？

被保険者が休職となり、休職中に給料が全く支給されない場合で名目は休職であっても実質使用関係の消滅とみられる場合は、被保険者資格は喪失します。

被保険者の資格取得

入社したときなど事実上の使用関係が始まったとき、常用的使用関係が認められるようになったとき、事業主は、その日から5日（船員の場合は10日）以内に「被保険者資格取得届」を提出しなければなりません。

被保険者資格の取得日

被保険者の資格は、入社したときなど事実上の使用関係が始まったときに取得します。

資格取得日

①適用事業所に使用されるようになったとき（入社した日など）
②事業所が適用事業所となったとき（個人事業所から法人となった日など）
③適用除外に該当しなくなったとき（日々雇い入れられる人から常用雇用になった日など）
④事業所が任意適用事業所として認可された日

事実上の使用関係が始まったときとは？

報酬が発生する日をいいます。たとえば、4月1日に採用され、4月10日から勤務した場合は、給料の支払関係によって資格取得日が決められます。
①1ヵ月の給料が支払われる場合→資格取得日は4月1日
②日割計算で給料が支払われる場合→資格取得日は4月10日

被保険者資格取得の手続き

●資格取得日から5日以内に届出

事業主は、資格取得日から5日以内に、「被保険者資格取得届」を年金事務所等または健康保険組合に提出します。被保険者資格取得時に、被扶養者があるときは、併せて「被扶養者（異動）届」を提出します。

船員である被保険者の資格取得届は、10日以内に年金事務所等に提出します。

介護保険に係る届出

40歳以上65歳未満の健康保険加入者のうち、①国内に住所のない人、②短期滞在の外国人、③適用除外施設（身体障害者療護施設など）に入所している人は介護保険の被保険者から除外されます。適用除外に該当または適用対象に該当するようになったときは、「介護保険適用除外等該当・非該当届」の提出が必要です。

資格取得時の本人確認

●事業主は、被保険者資格取得届の提出時に被保険者となる方の個人番号を確認し、資格取得届に記入してください。

●何らかの理由で個人番号が確認できない場合は、基礎年金番号を記入し、住所欄に住所を記入してください。

※健康保険組合への届出は住民票住所の記入が必須です。

●日本国内に住民票を有していない等、住民票住所を記入できない場合は、居所等を記入し、理由を選択・記入してください。

●偽名による不正取得を防止するため、住民基本台帳ネットワークシステムとの照合等で本人確認できない場合には、届出が戻されることがあります。

●被保険者資格取得の流れ

提出された資格取得届は、審査処理およびデータの登録が行われた後、全国健康保険協会に情報が提供され、協会が健康保険被保険者証の発行を行います。

また、資格取得届を提出すると、標準報酬月額が決定され、「被保険者資格取得確認通知書」が事業所に送付されます。この通知書に記載されている資格取得日および標準報酬月額を各被保険者に知らせ確認します。

●被保険者証・基礎年金番号通知書の交付

全国健康保険協会管掌健康保険の健康保険被保険者証は、各支部から送付されます。組合管掌健康保険の加入員については各健康保険組合から交付されます。

公的年金に初めて加入した被保険者には、日本年金機構から基礎年金番号通知書（令和4年4月～）が送付されます。

■健康保険被保険者資格取得の流れ

被保険者資格証明書の交付

被保険者の資格取得から被保険者証が交付されるまでの間、保険医療機関で早急に受診する必要がある場合に、「健康保険被保険者資格証明書」を発行してもらうこともできます。ただし、有効期間は、証明年月日から20日以内であるため、有効期間が経過したときや、被保険者証が交付されたときは、事業主を通じ、年金事務所に返納しなければなりません。

■被保険者資格取得届の記入例（全国健康保険協会・国民健康保険組合加入の事業主用／一般労働者用）

氏名にはカタカナでフリガナを記入
× ユージロー
ヰ、ヱ、ヲ
○ ユウジロウ
イ、エ、オ

個人番号を記入してください。
個人番号を記入できない場合は基礎年金番号を記入し、「⑪住所」欄に住民票住所を記入してください。
住民票住所を記入できない場合は、その理由を右に記入してください。

日本年金機構・協会けんぽへ提出の場合は、個人番号を記入すれば住所記入は不要です。
健康保険組合へ提出の場合は、住民票に記載の住所を必ず記入してください。

実際に採用・入社した日を記入します。1桁の場合は前に0をつけます。届出の日や試用期間が満了した日などを資格取得日とするのは誤りです。

いずれかを○で囲んでください。
※1 男子　2 女子
3 坑内員
5 基金加入男子
6 基金加入女子
7 基金加入坑内員

被扶養者届の添付の有無を囲んでください

該当する項目を○で囲んでください。
在職中に70歳に到達した場合は、この届書ではなく必要に応じて『70歳到達届』を提出してください。

提出時期	資格取得日から5日以内（船員の場合は、10日以内）
提出先	郵送で事務センター（事業所の所在地を管轄する年金事務所）または健康保険組合 船員保険についても年金事務所
添付書類	①被扶養者がある場合は、「健康保険被扶養者（異動）届」及びその添付書類 ②60歳以上の人が、退職後1日の空白もなく再雇用された場合（この場合は、同時に同日付の資格喪失届の提出が必要です）→以下のイとロ両方、またはハ 　イ　就業規則、退職辞令の写し（退職日の確認ができるものに限ります） 　ロ　雇用契約書の写し（継続して再雇用されたことが分かるものに限ります） 　ハ　イ、ロの書類を添付することができない場合は「退職日」および「再雇用された日」に関する事業主の証明書 ③個人番号の対象外の外国籍の方を採用した場合などは、「厚生年金保険被保険者ローマ字氏名届」

標準報酬月額の資格取得時決定

入社して被保険者の資格を取得した人の標準報酬月額は、「被保険者資格取得届」に記入する報酬月額をもとに決められます。給与の他にも労働の対償として支払われるものであれば、手当等名称を問わず報酬の範囲に含まれます。

1月から5月に決定された標準報酬月額はその年の8月まで、6月から12月に決定された標準報酬月額は翌年の8月まで適用されます。

※その間に随時改定、育児休業等終了時改定、産前産後休業終了時改定が行われる場合は、当該改定が行われるまで適用されます。

月給の場合	被保険者となった日に決められた初任給などの額に手当を加えた額。最初の月が日割計算であっても、月額を記入。	週給の場合	週給で決められた額を7で割って30倍した月あたりの額。	日給、時給、出来高・歩合給の場合	資格取得の日の前1ヵ月間にその事業所で同じような仕事に就いて同じような賃金を受ける人たちが受けた賃金を平均したものを月額とします。

被保険者の70歳到達

被保険者が70歳に到達すると、健康保険の被保険者資格は継続しますが、厚生年金保険の被保険者資格は喪失します。そのため、70歳到達日以降も引き続き同一の事業所に使用され、70歳到達日時点の標準報酬月額が、70歳到達日の前日の標準報酬月額と異なる人について、事業主は5日以内に「70歳到達届（被保険者資格喪失届・70歳以上被用者該当届）」を事務センター（年金事務所）に提出する必要があります。

なお、70歳到達前後で標準報酬月額が変わらない人については、70歳到達届を提出する必要はありません。

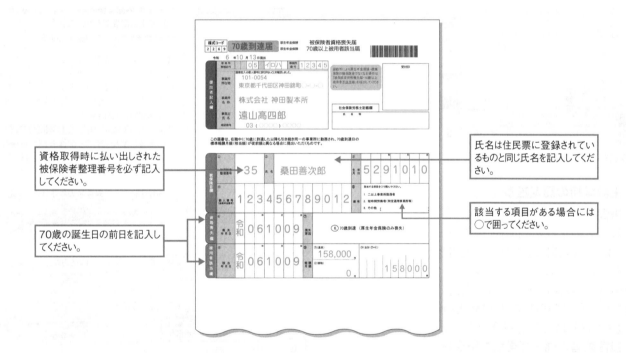

資格取得時に払い出された被保険者整理番号を必ず記入してください。

70歳の誕生日の前日を記入してください。

氏名は住民票に登録されているものと同じ氏名を記入してください。

該当する項目がある場合には○で囲ってください。

資格取得月から資格喪失月の前月までが被保険者期間

健康保険や厚生年金保険に加入している期間を被保険者期間といい、入社した月からその資格を喪失した月（退職または死亡した日の翌日が属する月）の前月までを月単位で数えます。

資格喪失日は退職の翌日のため、月末退職の場合は退職した月まで、月途中退職の場合は退職した月の前月までが被保険者期間となります。

※国民年金は、入社前・退職後においても、20歳以上60歳未満の間で被保険者となり、当該期間は個人で保険料を納めます。

健康保険の被扶養者

　被保険者の家族も、一定の条件を満たせば、健康保険の給付を受けることができます。この家族のことを被扶養者といいます。また、65歳未満の厚生年金保険被保険者の被扶養配偶者で20歳以上60歳未満の方は、国民年金の第3号被保険者となります。

健康保険の被扶養者

●被扶養者の範囲

　健康保険の被扶養者となれるのは、被保険者の3親等内の親族で、主として被保険者に生計を維持されている75歳未満の人ですが、「生計維持」が条件の人、「生計維持と同一世帯」が条件の人に分け、条件を満たしているかどうかを見ます。

生計維持や同一世帯とは

　「主として被保険者に生計を維持されている」とは、被保険者の収入により、その人の暮らしが成り立っていることをいい、必ずしも被保険者といっしょに生活をしていなくてもかまいません。
　「同一世帯」とは、被保険者と住居および家計を共にすることです。

■3親等内の親族

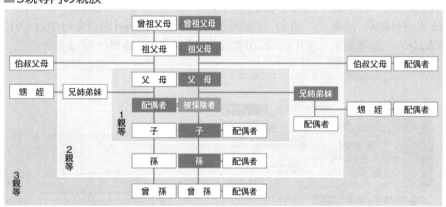

■■■ の人は生計維持のみが条件です　□□□ の人は生計維持と同一世帯が条件です

生計維持のみが条件の人

- ●被保険者の直系尊属(父母・祖父母・曾祖父母)
- ●配偶者(内縁関係を含みます。ただし双方に戸籍上の配偶者がないこと)
- ●子(養子を含みます)、孫、兄姉弟妹

生計維持と同一世帯が条件の人

- ●上記以外の3親等内の親族(伯叔父母、甥姪などとその配偶者、孫・兄姉弟妹の配偶者、配偶者の父母や子)
- ●届出をしていないが事実上婚姻関係にある配偶者の父母及び子(配偶者が死亡後も条件を満たしていれば被扶養者となります)

●生計維持の認定基準

○被保険者と同一世帯の場合

　対象者の年収が130万円未満で、かつ被保険者の年収の2分の1未満であれば被扶養者となります。対象者の年収が130万円未満で、被保険者の年収の2分の1以上の場合は、被保険者の年収を上回らず、世帯の生活状況を総合的に判断して、被保険者の収入が生計の中心と認められれば、被扶養者となることがあります。

○被保険者と同一世帯にない場合

　対象者の年収が130万円未満で、かつその額が被保険者からの援助(仕送)額よりも少なければ被扶養者となります。

※「130万円未満」は、認定対象者が60歳以上または障害厚生年金を受けられる程度の障害者の場合は、「180万円未満」と読み替えます。

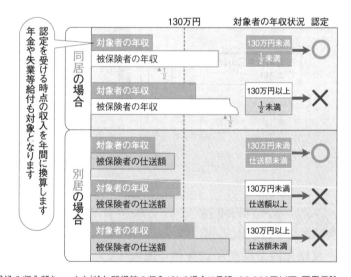

※年収(年間収入)とは、扶養に該当する時点および認定された日以降の年間の見込み収入額をいいます(給与所得等の収入がある場合は月額108,333円以下、雇用保険等の受給者の場合は日額3,611円以下であること)。収入には、雇用保険の失業等給付、公的年金、健康保険の傷病手当金や出産手当金などが含まれます。

※一時的な変動で年収130万円以上となった場合、引き続き被扶養者と認定される場合があります。(3頁「年収の壁・支援強化パッケージ」について 参照)

●国内に居住していること(令和2(2020)年4月より)

　留学中や被保険者が外国赴任中等の例外を除き、国内に居住している必要があります。

●被扶養者(異動)届の提出

　被保険者となった人に被扶養者がいる場合や被扶養者の追加、削除、氏名変更等があった場合は、被保険者は、5日以内に事業主を経由して「健康保険被扶養者(異動)届」を提出します。

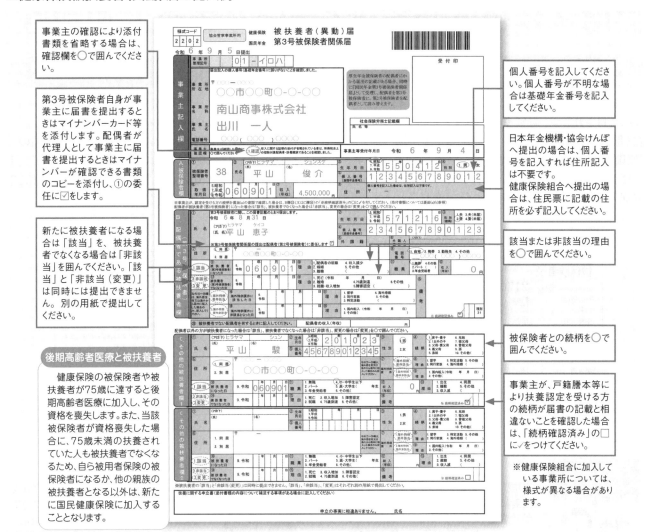

■健康保険被扶養者(異動)届の記入例

事業主の確認により添付書類を省略する場合は、確認欄を○で囲んでください。

第3号被保険者自身が事業主に届書を提出するときはマイナンバーカード等を添付します。配偶者が代理人として事業主に届書を提出するときはマイナンバーが確認できる書類のコピーを添付し、①の委任に☑をします。

新たに被扶養者になる場合は「該当」を、被扶養者でなくなる場合は「非該当」を囲んでください。「該当」と「非該当(変更)」は同時には提出できません。別の用紙で提出してください。

後期高齢者医療と被扶養者

健康保険の被保険者や被扶養者が75歳に達すると後期高齢者医療に加入し、その資格を喪失します。また、当該被保険者が資格喪失した場合に、75歳未満の扶養されていた人も被扶養者でなくなるため、自ら被用者保険の被保険者になるか、他の親族の被扶養者となる以外は、新たに国民健康保険に加入することとなります。

個人番号を記入してください。個人番号が不明な場合は基礎年金番号を記入してください。

日本年金機構・協会けんぽへ提出の場合は、個人番号を記入すれば住所記入は不要です。健康保険組合へ提出の場合は、住民票に記載の住所を必ず記入してください。

該当または非該当の理由を○で囲んでください。

被保険者との続柄を○で囲んでください。

事業主が、戸籍謄本等により扶養認定を受ける方の続柄が届書の記載と相違ないことを確認した場合は、「続柄確認済み」の□に✓をつけてください。

※健康保険組合に加入している事業所については、様式が異なる場合があります。

提出時期 被扶養者に異動があった日から5日以内

提出先 郵送で事務センター(事業所の所在地を管轄する年金事務所)または健康保険組合

添付書類
①戸籍謄(抄)本または住民票(世帯主が被保険者で同一世帯の場合)。ただし届書に個人番号の記入があり、上記書類により事業主の確認のチェックがある場合は省略可。内縁関係にある場合は、両人の戸籍謄(抄)本。
②収入要件確認のための書類。ただし「所得税法の規定による控除対象配偶者・扶養親族」で事業主の証明がある方および16歳未満の方は、原則以下の添付書類は不要です。

ア. 退職により収入要件を満たす場合	退職証明書または雇用保険被保険者離職票のコピー
イ. 失業給付受給中、または受給終了で収入要件を満たす場合	雇用保険受給資格者証または雇用保険受給資格通知のコピー
ウ. 年金受給中の場合	現在の年金受取額がわかる年金額の改定通知書等のコピー
エ. 自営(農業等含む)による収入、不動産収入等がある場合	直近の確定申告書のコピー
オ. 上記イウエ以外に他の収入がある場合	イウエに応じた書類および課税(非課税)証明書
カ. 上記ア～オ以外	課税(非課税)証明書

③障害年金、遺族年金、傷病手当金、失業給付等非課税対象の収入がある場合は、受取金額の確認ができる通知書等のコピー。
④被扶養者でなくなったときや被扶養者の氏名等に変更があったときは、その人の「被保険者証」。
⑤個人番号の対象外の外国人の配偶者を被扶養者とする場合等は、「国民年金第3号被保険者ローマ字氏名届」。
⑥第3号被保険者の収入増で扶養から外れた場合、離婚した場合は、「非該当欄」に記入し提出。
⑦別居の場合は仕送りの事実と仕送額が確認できる書類(預金通帳のコピー等)。16歳未満の方と16歳以上の学生は添付不要。
⑧扶養認定を受ける方が海外に住所がある場合は現況申立書、続柄・収入金額が確認できる公的証明書、仕送りの事実と仕送額が確認できる書類。
⑨国内居住要件の例外にあたる場合には、ビザ、在学証明書等のコピー。

共働き夫婦がどちらかの被扶養者となる場合は

①年間収入が多い方の被保険者の被扶養者となります。年間収入は、被用者保険の被保険者の場合、過去の収入、現時点の収入、将来の収入等から今後1年間の収入を見込んだものとなります。
夫婦の一方が国民健康保険の被保険者の場合、国民健康保険の被保険者は直近の年間所得で見込んだ年間収入で比較します。
②夫婦の年間収入の差額が多い方の1割以内の場合は、届出により、主として生計を維持する人の被扶養者となることができます。

③共済組合の組合員であって、被扶養者とすべき人に係る扶養手当等が支給されている場合は、その支給を受けている人の被扶養者となります。
④主として生計を維持する人が育児休業等を取得して、収入が減ったとしても、休業期間中は特例的に被扶養者を異動しません。ただし、新たに誕生した子については、改めて上記①～③の認定手続きを行います。

健康保険被保険者証と基礎年金番号通知書

健康保険の被保険者証

　健康保険被保険者証は、被保険者の資格を取得するつど交付されます。病気やケガで医者に診てもらうとき、病院（保険医療機関）の窓口に提示すると、医療費の一部（原則3割）を負担するだけで必要な医療が受けられます。

　協会けんぽの被保険者証は、1人1枚のカード形式で、被保険者や被扶養者に個人単位で交付されます。退職

や75歳になったときなどの資格喪失の際には返納します。

　また、令和3年10月よりマイナンバーカードの健康保険証利用の本格運用が開始され、ほとんどの医療機関や薬局の窓口で利用できるようになっています。保険証利用するには、事前にマイナポータルで登録が必要です（5頁参照）。令和6年12月にはマイナ保険証に一本化されます。

健康保険被保険者証（被保険者用）

健康保険被保険者証		本人（被保険者）	00123
		令和6年 4月 15日交付	
	記号 21700023	番号123	（技番）00

氏名　協会 一郎（キョウカイ イチロウ）
生年月日　平成 3年 8月 25日
性別　男
資格取得年月日　平成 29年 4月 1日

事業所名称　○○株式会社
保険者番号　０１０１００１１
保険者名称　全国健康保険協会 ○○支部
保険者所在地　○○市○○町○－○－○
印

表面

注意事項　保険医療機関等において診療を受けようとするときには、必ずこの証をその窓口で渡してください。

住所
備考

　※　以下の欄に記入することにより、臓器提供に関する意思を表示することができます。記入する場合は、1から3までのいずれかの番号を○で囲んでください。
1. 私は、脳死後及び心臓が停止した死後のいずれでも、移植の為に臓器を提供します。
2. 私は、心臓が停止した死後に限り、移植の為に臓器を提供します。
3. 私は、臓器を提供しません。
〈1又は2を選んだ方で、提供したくない臓器があれば、×をつけてください。〉
【心臓・肺・肝臓・腎臓・膵臓・小腸・眼球】
〔特記欄：　　　　　　　　　　　　　　　　　〕
署名年月日：　　　年　　　月　　　日

本人署名（自筆）：　　　　　　　　家族署名（自筆）：

裏面

被保険者証 ＋ 高齢受給者証

70歳以上75歳未満

　70歳以上75歳未満の被保険者と被扶養者には、被保険者証のほかに、「高齢受給者証」が交付されます。病院にかかったときは、被保険者証と一緒に窓口に提示します。

※マイナ保険証利用の場合は不要です。

後期高齢者医療被保険者証

75歳以上 後期高齢者医療制度

　75歳以上の人または65歳以上75歳未満で一定の障害のあることについて認定を受けた人は、健康保険には加入せず、各都道府県の後期高齢者医療制度に加入し、被保険者証が1人に1枚ずつ交付されます。

※マイナ保険証に一本化されます。

基礎年金番号通知書・年金手帳

　初めて厚生年金保険や国民年金の被保険者の資格を取得したときに、日本年金機構から年金手帳が交付されていましたが、令和4年4月からは年金手帳は廃止され、基礎年金番号通知書が交付されています。すでに発行されている

年金手帳は、基礎年金番号を確認する書類として引き続き使用できます。年金の受給資格や年金額を計算する基礎となる記録は基礎年金番号で管理されており、勤務先や加入制度が変わっても一生変わらずに使用されます。

被保険者証等に関する届出

こんなとき	必要な届出	添付書類	いつまでに	届出をする人	提出先
被扶養者に異動があったとき	被扶養者（異動）届	被扶養者の健康保険証	5日以内	被保険者（事業主経由）	事務センターまたは健康保険組合
被保険者の氏名が変わったとき*	被保険者氏名変更（訂正）届	健康保険被保険者証等（被保険者と被扶養者全員）	すみやかに	事業主	同上
住所が変わったとき*	被保険者住所変更届	なし	すみやかに	被保険者（事業主経由）	事務センター
被保険者証や高齢受給者証をなくしたりき損したとき	再交付申請書	被保険者証（き損の場合）高齢受給者証（き損の場合）	すみやかに	被保険者（事業主経由）	全国健康保険協会各支部または健康保険組合
届書に被保険者証を添付できないとき	被保険者証回収不能届	なし	すみやかに	事業主	事務センター
基礎年金番号通知書を紛失またはき損したとき	再交付申請書	事業主を経由せず、かつマイナンバーを記載して提出する場合はマイナンバーカード	──	被保険者	年金事務所または事務センター※第1号被保険者は市区町村役場でも可

＊ マイナンバーの利用により省略できます。

被保険者資格の喪失と継続加入

被保険者が退職したり死亡したときは、被保険者の資格を喪失します。事業主は、資格喪失日から5日（船員の場合は10日）以内に、「被保険者資格喪失届」を提出して確認を受けます。なお、退職後もその状況に応じて医療保険制度、公的年金制度（原則60歳に達するまで）へ加入することが義務づけられています。

被保険者資格の喪失日と喪失の手続き

健康保険・厚生年金保険の被保険者は、次に該当する日にその資格を喪失します。

資格喪失日

1. 適用事業所を退職した日の翌日
2. 死亡した日の翌日
3. 臨時雇用に切り替わるなどの適用除外となった日の翌日
4. 事業所が廃止になった日の翌日
5. 任意適用事業所が任意適用の取消を認可された日の翌日
6. 厚生年金保険については70歳に達した日（70歳の誕生日の前日）
   ※必要に応じて「70歳到達届」を提出します。
7. 健康保険については後期高齢者医療の被保険者となった日（75歳の誕生日）

※1 転勤等した日に別の事業所等で被保険者資格を取得したときは、退職した日が資格喪失日、また資格取得日となります。（転勤したとき（10頁「転勤の場合は?」参照）や60歳以上で再雇用されたとき（下記参照）など）

※2 70歳に達すると在職中でも厚生年金保険の被保険者資格を喪失しますが、健康保険は原則として在職中は75歳に達するまで被保険者資格が継続します。

※3 後期高齢者医療の被保険者は、75歳の誕生日または65歳以上75歳未満の障害認定日にその資格を取得するため、同日において健康保険の被保険者資格を喪失します。

●資格喪失日から5日以内に届出

事業主は資格喪失日から5日以内（船員の場合は10日以内）に「被保険者資格喪失届」を提出します。届書には、被保険者と被扶養者全員の健康保険被保険者証、高齢受給者証などを添付しなければなりません。

ただし、70歳に達したことにより厚生年金保険の被保険者資格を喪失する場合は、必要に応じて「70歳到達届」を提出します（13頁参照）。また健康保険は資格が継続するため被保険者証を添付する必要はありません。

●75歳到達時にも資格喪失届

被保険者が75歳になり健康保険の資格を喪失し、後期高齢者医療の被保険者となったときは、事業主の方に被保険者情報を入力した「被保険者資格喪失届」等が送付されますので、所定の事項を記入のうえ、被保険者証および高齢受給者証を添えて返送します。

被保険者が75歳になり、健康保険の被保険者資格を喪失した場合に、75歳未満の扶養されていた人も被扶養者でなくなるため、自ら被用者保険の被保険者になるか、他の親族の被扶養者となる以外は、新たに国民健康保険に加入することとなります。

60歳以上で継続して再雇用された人の取扱い

60歳以上の方が退職後に1日の空白もなく同じ事業所に再雇用（退職後継続再雇用）された場合は、「被保険者資格喪失届」と「被保険者資格取得届」を同時に提出することにより、事業主との使用関係が一旦中断したものとして、再雇用された月から再雇用後の報酬で標準報酬月額を決定することができます。提出される場合は、以下の添付書類が必要です。

⇒ 添付書類（退職後継続雇用の届出）

下記①と②の両方、または③を提出する必要があります。
① 就業規則、退職辞令の写し（退職日の確認ができるものに限る）
② 雇用契約書の写し（継続して再雇用されたことが分かるものに限る）

③ 「退職日」および「再雇用された日」に関する事業主の証明書

■被保険者資格喪失届の記入

資格取得時に払い出しされた被保険者整理番号を必ず記入してください

氏名は住民票に登録されている氏名と同じ氏名を記入してください

該当する項目がある場合には○で囲んでください
「退職後の継続再雇用者の喪失」の場合は、『資格取得届』をあわせてご提出ください。
厚生年金基金の加入員が被保険者の資格を取得した月にその資格を喪失したときは、「3.その他」を○で囲み、（　）内に「加入員の資格同月得喪」と記入してください。

喪失年月日を記入してください。
退職等
退職日の翌日、転勤の当日、雇用契約変更の当日
死　亡
死亡日の翌日
75歳到達
誕生日の当日
障害認定
認定日の当日
社会保障協定
協定発効の当日、相手国法令適用の翌日

該当する項目がある場合には○で囲んでください
4.退職等
退職した場合、雇用契約変更等で適用対象外となった場合、退職後に継続して再雇用した場合
5.死　亡
死亡した場合
7.75歳到達
75歳に到達したことで後期高齢者医療に該当し、健康保険の被保険者資格を喪失する場合
9.障害認定
65歳以上75歳未満の方で、障害認定により後期高齢者医療制度に該当し、健康保険の被保険者資格を喪失する場合
11.社会保障協定
社会保障協定により相手国法令の適用を受け、被保険者資格を喪失する場合

70歳以上の方の場合、「□70歳以上被用者不該当」にチェックを入れます。
「不該当年月日」には退職または死亡した当日の年月日を記入してください。

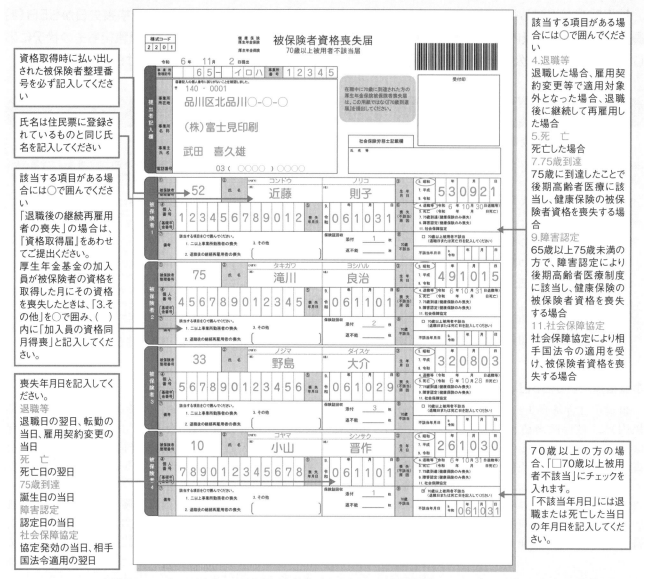

在職中に70歳に到達したときは、この用紙ではなく『70歳到達届』を提出してください（13頁参照）。

提出時期	資格喪失日から5日以内（船員の場合は10日以内）
提出先	郵送で事務センター（事業所の所在地を管轄する年金事務所）または健康保険組合 船員保険についても年金事務所
添付書類	被保険者と被扶養者全員の健康保険被保険者証（高齢受給者証、限度額適用・標準負担額減額認定証、特定疾病療養受療証が交付されている場合は、含む）を回収し、添付。 返不能または滅失のときは「健康保険被保険者証回収不能届」の添付が必要です。

70歳以上の厚生年金保険加入

　在職中の70歳以上の人に、老齢基礎年金・老齢厚生年金を受けるだけの加入期間が足りない場合は、期間を満たすまで厚生年金保険に任意加入することができます。

　保険料は、全額個人で負担しますが、事業主の同意があったときは、折半負担となり、これまでと同じように給与及び賞与から控除されます。

就職	70歳	資格喪失
国民年金へ加入	厚生年金保険へ加入	厚生年金保険の高齢任意加入

◀————————— 受給資格期間 —————————▶

●手続き
●提出書類 …「高齢任意加入被保険者資格取得申出・申請書」
●添付書類 … マイナンバーにより申請する場合は、マイナンバーカード（郵送の場合はコピー）等。
基礎年金番号により申請する場合は、年金手帳と生年月日による市区町村長の証明書か戸籍謄本等。

資格喪失後の医療保険加入

退職後の医療保険加入方法は次のとおりです。退職して被保険者の資格を喪失したときは、一定の条件のもとで被保険者の資格を継続することもできます（下記①の方法）。

● 医療保険加入の方法 ●	● 要 件 ●
①健康保険の任意継続被保険者	退職までの被保険者期間が継続して**2ヵ月以上**あること
②健康保険被保険者の被扶養者	被扶養者となるための年収等の条件を満たしていること(14頁参照)
③国民健康保険の被保険者	上記のいずれにも加入しない場合

退職 →

①健康保険の任意継続被保険者となるための手続き

1　**退職日の翌日から20日以内**に住所地の全国健康保険協会都道府県支部（郵送可）または健康保険組合に「任意継続被保険者資格取得申出書」を提出してください。

2　保険料は**全額本人負担**となります。**毎月10日までに**納付しなければ、その翌日に資格を喪失します。保険料は口座振替（毎月1日に振替）が可能で、前納（6ヵ月または12ヵ月）もできます。

3　加入できる期間は**2年間**に限られます。強制被保険者や後期高齢者医療の被保険者となったとき、任意脱退を希望したときなどに資格を喪失します。

②健康保険の被扶養者となるための手続き

家族が勤務する事業所を通して「被扶養者（異動）届」を提出してください。20歳以上60歳未満の配偶者が被扶養者となるときは、国民年金の第3号被保険者の届出も同時に行います。

③国民健康保険の被保険者となるための手続き

退職日の翌日から14日以内に市区町村の国民健康保険担当窓口で「資格取得届」を提出してください。健康保険の資格喪失を確認するため、勤務していた事業所から交付された離職票（写し）または退職証明書を持参してください。

■任意継続被保険者資格取得申出書の記入例（協会けんぽ用）

記号・番号は、在職時の健康保険証に記載されています。

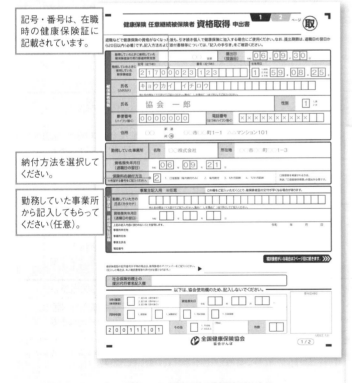
納付方法を選択してください。

勤務していた事業所から記入してもらってください（任意）。

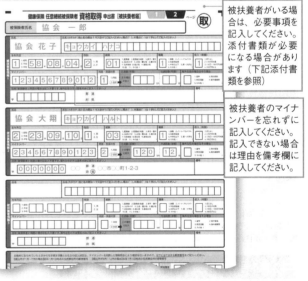

倒産や解雇で退職した場合

倒産や解雇などにより自ら望まない形で失業された方（非自発的失業者）の国民健康保険料（税）については、失業時からその翌年度末までの間、前年所得のうちの給与所得を30/100として算定します。このため、非自発的失業者の方は任意継続の保険料よりも安くなる場合がありますので、国保料軽減制度の適用を受けられるかどうかをご確認のうえ、任意継続の申出を行ってください。

被扶養者がいる場合は、必要事項を記入してください。添付書類が必要になる場合があります（下記添付書類を参照）。

被扶養者のマイナンバーを忘れずに記入してください。記入できない場合は理由を備考欄に記入してください。

提出時期　資格喪失日から20日以内

提出先　住所地を管轄する全国健康保険協会都道府県支部または健康保険組合

添付書類　被扶養者届を記入した場合には、被保険者によって生計を維持されていることを証明する書類等の添付が必要となります。

国民年金への加入

国民年金の被保険者の種別

国民年金の被保険者は、職業などにより3つの種別に分かれ、加入手続きや保険料の納付が異なります。厚生年金保険の被保険者は、国民年金の被保険者（第2号被保険者）となります。

	第1号被保険者	第2号被保険者	第3号被保険者
職　　　　業	自営業者・学生など	会社員・公務員など	主婦などの第2号被保険者の被扶養配偶者
年　　　　齢	20歳以上60歳未満	原則として65歳未満	20歳以上60歳未満
加 入 の 届 出	自身で市区町村へ届出	勤務先が届出	配偶者の勤務先が届出
保険料の納付	金融機関窓口やコンビニなどでの直接納付または口座振替など	厚生年金保険料として勤務先を通じて納付	保険料の個別負担はなし（厚生年金保険制度が一括して拠出）

任 意 加 入 被 保 険 者 と し て 加 入

希望すれば、60歳以上65歳未満の間で、国民年金に任意に加入することができます。申出をすれば加入をやめることもできます。また、国民年金基金にも加入できます。

昭和40年4月1日以前生まれで老齢基礎年金の資格期間を満たすことができない方は、65歳以上70歳未満の間で、資格期間を満たすまで特例的に任意加入することができます。

国民年金被保険者の届出

20歳から60歳に達するまでの40年間には、就職、結婚、転職、退職など、様々な人生の節目があります。国民年金の被保険者もこれらに伴い種別が変更され、種別変更の届出が必要です。届出を忘れると、将来、年金を受けることができなくなることもありますので、必要な届出は忘れないよう注意してください。

現在の種別	種別変更の事由	変更後の種別	届出
第1号被保険者	就職し厚生年金保険に加入した場合	第2号被保険者	会社を通じて年金事務所へ届出。市区町村窓口への届出は不要
	会社員と婚姻し被扶養配偶者となった場合	第3号被保険者	
	配偶者が就職し被扶養配偶者となった場合		
	収入の減少により会社員の被扶養配偶者となった場合		
第2号被保険者	転職し自営業者になった場合	第1号被保険者	市区町村窓口への届出が必要
	会社を退職し自営業者の配偶者になった場合		
	会社を退職し会社員の被扶養配偶者になった場合	第3号被保険者	会社を通じて年金事務所へ届出。市区町村窓口への届出は不要
第3号被保険者	配偶者が会社を退職した場合	第1号被保険者	市区町村窓口への届出が必要
	収入が増え、被扶養配偶者でなくなった場合		
	会社員の配偶者と離婚した場合		
	会社員の配偶者が死亡した場合		
	会社に就職し被扶養配偶者でなくなった場合	第2号被保険者	会社を通じて年金事務所へ届出。市区町村窓口への届出は不要
	配偶者が転職し会社員から公務員、または公務員から会社員に変わった場合	第3号被保険者	
未加入	会社などに勤めていない人が20歳になった場合	第1号被保険者	市区町村窓口への届出が必要
	20歳未満で就職し厚生年金保険に加入した場合	第2号被保険者	会社を通じて年金事務所へ届出。市区町村窓口への届出は不要

※厚生年金保険の被保険者で65歳以上70歳未満の人は、老齢基礎年金の受給権があれば、国民年金の第2号被保険者とはなりません。このため、その人の被扶養配偶者は、20歳以上60歳未満に該当しても、国民年金の第3号被保険者とはなりません。厚生年金保険の被保険者が65歳以上になったときは、上記配偶者は第1号被保険者として本人が住所地の市区町村に届け出なければなりません。

⇒ 第1号被保険者への切替が遅れた場合

第3号被保険者の配偶者（第2号被保険者）が退職したときや、第3号被保険者自身の年収が増えたときなどは、届出（第3号被保険者から第1号被保険者への変更届）をして保険料を納付しなければなりません。
この届出が2年以上遅れたことのある方が手続きをすれば、「未納期間」とされる期間を「受給資格期間」に算入することができます。

⇒ 第3号被保険者該当の届出が遅れた場合

第3号被保険者該当の届出が遅れた場合は、原則2年間はさかのぼることができます。平成17年3月以前の未届期間は届出をすれば保険料納付済期間となります。平成17年4月以降の未届期間はやむを得ない事由がある場合に保険料納付済期間として算入されます。

第1号被保険者の国民年金保険料

●第1号被保険者の保険料

第1号被保険者の保険料は、月額16,980円（令和6年度）の定額で、毎年度改定されます。

保険料は、年金事務所等から送付される納付書によって、その月の分を翌月末日までに支払います。口座振替やクレジットカードなども利用できます。

現金納付・口座振替・クレジットカードともに、6ヵ月分、1年分、2年分を前納すると、保険料が割引になります。口座振替による場合は、1ヵ月分（当月分を当月引き落とし）の前納も可能です。

経済的な理由や学生であることにより保険料を納めること

が困難な場合には、申請により、保険料の納付が免除（または猶予）されます。退職（失業）し、保険料を納めることが困難な場合は、退職した年の翌々年6月までの期間について、特例的な免除を受けることもできます。ただし、任意加入被保険者は保険料の免除を受けることはできません。

免除を受けた保険料は、10年以内であれば、あとから納付することができます。免除を受けた翌年度から3年度以降に納付する場合は、保険料額に加算額が上乗せされます。

また、第1号被保険者が出産する場合、産前産後期間の保険料が免除され、その間は満額の老齢基礎年金が保障されます。

●第1号被保険者の保険料免除

免除の種類	免除の要件*2	免除期間	免除期間
申請免除 （全額免除、一部免除*1）	本人、配偶者、世帯主の前年の所得が一定以下	7月*3～翌年6月	国民年金保険料免除・納付猶予申請書を住所地の市区町村に提出
保険料の納付猶予	50歳未満の本人と配偶者の前年の所得が一定以下		
学生の納付特例	学生本人の前年の所得が一定以下	4月*3～翌年3月	国民年金保険料学生納付特例申出書を住所地の市区町村に提出*4
産前産後期間	妊娠85日（4ヵ月）以上の出産（早産、死産、流産、人工妊娠中絶の場合を含む）	出産予定月（出産月）の前月*5～出産予定月（出産月）の翌々月	国民年金被保険者関係届書（申出書）を住所地の市区町村に提出

*1　一部免除には、4分の3免除、2分の1免除、4分の1免除の3種類があります。
*2　免除要件の所得は、保険料を納付することを要しないとされた月の属する年の前年の所得を基準とします。
*3　過去2年分の所定の月まで、さかのぼって免除を受けることができます。
*4　指定を受けた大学等でも受け付けています。
*5　多胎妊娠の場合は出産予定月（出産月）の3ヵ月前から

⇒ 納め忘れの保険料納付

納め忘れの国民年金保険料がある方は、保険料の納付期限である納付対象月の翌月末を過ぎても、納付書の使用期限である2年間は納めることができます。後納制度は平成30年9月末で終了しています。

厚生年金保険の被保険者は国民年金の第2号被保険者に

厚生年金保険の被保険者は、原則として65歳に達するまでは国民年金の被保険者（第2号被保険者）となります。

※第2号被保険者としての20歳前および60歳以後の期間は、老齢基礎年金の年金額には反映されません（70頁参照）。

資格に関する届出は、勤務先の事業主が行う厚生年金保険の資格に関する届出によって自動的に行われるため、被保険者自身が手続きを行う必要はありません。

第3号被保険者関係届は事業主に提出義務

厚生年金保険の被保険者の被扶養配偶者で20歳以上60歳未満の人は、国民年金の第3号被保険者として年金制度に加入します。

第3号被保険者に関する届出は、その配偶者（第2号被保険者）が使用される事業主または事業所を経由して年金事

務所等に提出します。

事業主は、第2号被保険者からの届出を受けて、内容と添付書類を確認し、「国民年金第3号被保険者関係届」で、年金事務所等に提出します。

被扶養配偶者非該当の届が必要です

第3号被保険者の記録不整合問題*に対応する法律に基づき、第3号被保険者が右のいずれかに該当した場合、事業主等を経由して「第3号被保険者関係届」を届け出る必要があります。

全国健康保険協会（協会けんぽ）に加入している場合、配偶者（第2号被保険者）の退職等により第3号被保険者の資格を失う場合には、届出は不要です。

❶第3号被保険者の収入が基準額以上に増加し、扶養から外れた場合
❷配偶者（第2号被保険者）と離婚した場合

*第3号被保険者が、実態としては第1号被保険者となったにもかかわらず、必要な届出を行わなかったため、年金記録上は第3号被保険者のままとなって不整合が生じること。

標準報酬月額

標準報酬月額は、毎月の保険料や保険給付の計算をするときに用いるもので、被保険者が事業主から受ける報酬をいくつかの幅（等級）に区分した仮の報酬月額に当てはめて決められます。

標準報酬月額の区分

標準報酬月額は、健康保険は第1級の58,000円から第50級の1,390,000円までの全50等級に区分されています。

厚生年金保険は第1級の88,000円から第32級の650,000円の32等級に区分されています。

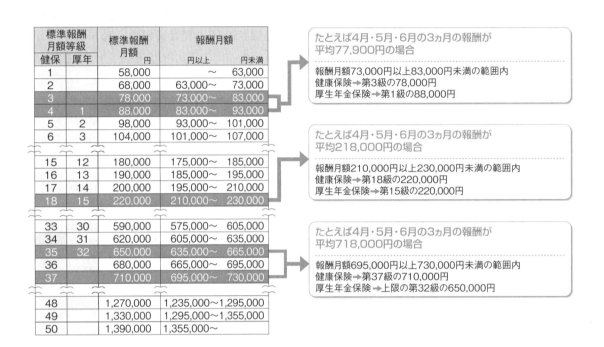

標準報酬月額等級 健保	標準報酬月額等級 厚年	標準報酬月額 円	報酬月額 円以上	報酬月額 円未満
1		58,000	～	63,000
2		68,000	63,000～	73,000
3		78,000	73,000～	83,000
4	1	88,000	83,000～	93,000
5	2	98,000	93,000～	101,000
6	3	104,000	101,000～	107,000
15	12	180,000	175,000～	185,000
16	13	190,000	185,000～	195,000
17	14	200,000	195,000～	210,000
18	15	220,000	210,000～	230,000
33	30	590,000	575,000～	605,000
34	31	620,000	605,000～	635,000
35	32	650,000	635,000～	665,000
36		680,000	665,000～	695,000
37		710,000	695,000～	730,000
48		1,270,000	1,235,000～	1,295,000
49		1,330,000	1,295,000～	1,355,000
50		1,390,000	1,355,000～	

たとえば4月・5月・6月の3ヵ月の報酬が平均77,900円の場合

報酬月額73,000円以上83,000円未満の範囲内
健康保険→第3級の78,000円
厚生年金保険→第1級の88,000円

たとえば4月・5月・6月の3ヵ月の報酬が平均218,000円の場合

報酬月額210,000円以上230,000円未満の範囲内
健康保険→第18級の220,000円
厚生年金保険→第15級の220,000円

たとえば4月・5月・6月の3ヵ月の報酬が平均718,000円の場合

報酬月額695,000円以上730,000円未満の範囲内
健康保険→第37級の710,000円
厚生年金保険→上限の第32級の650,000円

標準報酬月額の決め方

標準報酬月額は、①入社時に決められる「資格取得時決定」、②毎年見直される「定時決定」、③報酬が大幅に変動した場合に改定される「随時改定」、④産前産後休業者・育児休業者が職場復帰した際などに改定される「産前産後休業終了時改定」「育児休業等終了時改定」によって実際の報酬額とすでに決められている標準報酬月額との間に大きなズレが生じないよう、見直しや改定が行われます。

■標準報酬月額の決定方法・届出時期・適用期間

決定方法	入社したとき 資格取得時決定（13頁）	毎年決まった時期 定時決定（24頁）	昇給や降給により報酬が大幅に変動したとき 随時改定（32頁）	産前産後休業・育児休業者の職場復帰後に報酬変動があったとき 産前産後休業終了時改定 育児休業等終了時改定（36頁）
届出書	被保険者資格取得届	被保険者報酬月額算定基礎届	被保険者報酬月額変更届	産前産後休業終了時 育児休業等終了時 報酬月額変更届
届出時期	5日以内	7月1日～7月10日までに	速やかに	速やかに
適用期間	1～5月に決定 → その年の8月まで／6～12月に決定 → 翌年の8月まで	9月から翌年の8月まで	1～6月に改定 → その年の8月まで／7～12月に改定 → 翌年の8月まで	1～6月に改定 → その年の8月まで／7～12月に改定 → 翌年の8月まで

＊各適用期間内に、随時改定または育児休業等終了時改定等が行われる場合、適用期間は、その改定月の前月までとされます。

報酬

報酬とは、賃金、給料、俸給、手当、賞与などの名称を問わず、労働者が労働の対償として受けるすべてのものをいい、金銭（通貨）に限らず、現物で支給される食事や住宅、通勤定期券も報酬に含まれます。ただし、臨時に受けるものや、年3回以下支給の賞与などは、報酬の対象となりません。年3回以下支給されるものは標準賞与額の対象となります。

■報酬となるもの・ならないもの

	報酬となるもの	報酬とならないもの
通貨で支給されるもの	基本給（月給・週給・日給など） 諸手当（残業手当、通勤手当、住宅手当、家族手当、役付手当、職階手当、日直・宿直手当、能率手当、勤務手当、皆勤手当、精勤手当など） 賞与（年4回以上支給されるもの） 会社から支給される私傷病手当金　など	病気見舞金、災害見舞金、結婚祝金、永年勤続表彰金 出張旅費、交際費 大入袋、解雇予告手当、退職金 賞与（年3回以下支給されるもの→標準賞与額の対象となる） 健康保険の傷病手当金、労災保険の休業補償給付、年金・恩給　など
現物で支給されるもの	通勤定期券・回数券 食事・食券 社宅・寮 被服（勤務服でないもの） 給与として支給される自社製品	食事（本人からの徴収金額が厚生労働大臣が告示する現物給与の価額により算定した額の2/3以上の場合） 社宅（本人からの徴収金額が厚生労働大臣が告示する現物給与の価額により算定した額以上の場合） 勤務服（制服・作業衣）　など

●現物給与の取り扱い

①通勤定期券

通勤費を金銭ではなく、定期券や回数券で支給した場合は、現物給与として取り扱われますので、その全額を報酬として算入します。3ヵ月または6ヵ月単位でまとめて支給する通勤定期券は、1ヵ月あたりの額を算出して報酬とします。

②食事で支払われる報酬等

事業主が被保険者に社員食堂などで食事を支給した場合などは、厚生労働大臣が告示する現物給与の価額に換算して報酬に算入します。

その一部を被保険者が負担している場合は、現物給与の価額（97頁参照）から負担分を差し引いた額を算入します。ただし、被保険者が告示額の2/3以上を負担する場合は、現物給与はないものとして取り扱います。

③住宅で支払われる報酬等

事業主が労働の対償として、被保険者に社宅や寮を提供している場合は、厚生労働大臣が告示する現物給与の価額で通貨に換算して報酬に算入します。

その一部を被保険者が負担している場合は、現物給与の価額から負担分を差し引いた額を算入します。

例

昼食（270円）を21日分支給した場合	現物給与の価額 昼食　270円×21日＝5,670円 現物給与の価額の2/3　5,670円× 2/3 ＝3,780円

被保険者が負担する金額が3,780円未満であれば、現物給与の価額（この場合5,670円）との差額を算入します。3,780円以上負担していれば、食事の現物給与はないものとして取り扱います。

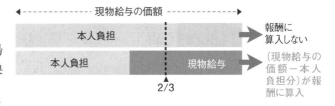

⇒ 現物給与の価額の適用

現物給与の価額については、本社と支社がある場合、生活実態に即した価額とするため、被保険者の勤務地（現に使用される事業所）の属する都道府県の現物給与の価額を適用します。

健康保険任意継続被保険者の標準報酬月額は

健康保険の被保険者が退職した場合、その被保険者期間が喪失の日の前日まで継続して2ヵ月以上あれば、引き続き2年間個人で任意継続被保険者となることができます。任意継続被保険者の標準報酬月額は、資格喪失時の額が適用されます。ただし、協会けんぽの標準報酬月額の平均額（令和6年度300,000円）を超えていた場合は、300,000円を標準報酬月額とします。

健康保険組合に加入の人は、資格喪失時の標準報酬月額を上限として健康保険組合が規約で定めた額を標準報酬月額とします。

定時決定（算定基礎届）

健康保険や厚生年金保険の被保険者が実際に受ける報酬と、すでに決められている標準報酬月額とが、大きくかけ離れないよう、毎年1回、各被保険者の標準報酬月額を決めなおします。これを「定時決定」といい、その届出を「算定基礎届」といいます。

定時決定（算定基礎届）の基礎となる月と決定対象月

定時決定は、毎年7月1日～10日の間に、その年の4月・5月・6月の報酬月額を届け出ることで各人の標準報酬月額が決められ、その年の9月から翌年8月まで（または随時改定や育児休業等終了時改定、産前産後休業終了時改定が行われるまで）の間、使用されます。

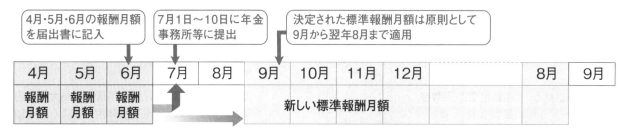

	4月・5月・6月の報酬月額を届出書に記入		7月1日～10日に年金事務所等に提出		決定された標準報酬月額は原則として9月から翌年8月まで適用							
4月	5月	6月	7月	8月	9月	10月	11月	12月			8月	9月
報酬月額	報酬月額	報酬月額			新しい標準報酬月額							

算定基礎届の対象になる人・ならない人

算定基礎届は、5月31日までに被保険者資格を取得した人で、同年7月1日現在、被保険者である人を対象とします。
ただし、次に該当する人は、定時決定から除外されますので、その年の算定基礎届の提出は必要ありません。

算定基礎届の対象にならない人

❶本年6月1日から7月1日までの間に被保険者の資格を取得した人

❷固定的賃金の変動等により7～9月に標準報酬月額が随時改定される人、
　または7～9月に育児休業等終了時改定もしくは産前産後休業終了時改定が行われる人

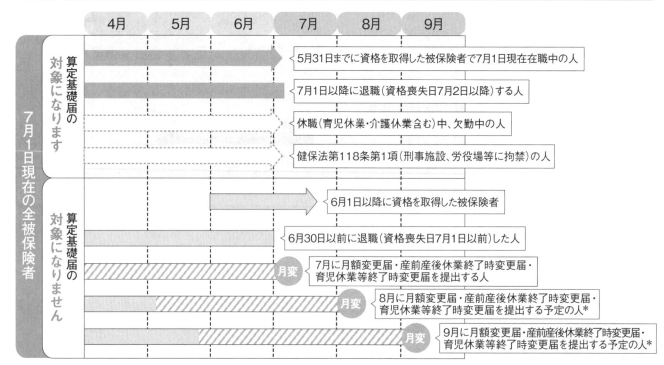

○7月改定の月額変更届を届出用紙で提出する場合は、備考欄の「3.月額変更予定」を○で囲んでください。
○算定基礎届を提出後に、8月改定または9月改定の月額変更に該当した方については、月額変更が優先されるため、別途「月額変更届」の提出が必要となります。
○7月・8月・9月の月額変更等の予定者について算定基礎届の提出は不要です。
＊実際に月額変更届等に該当しなかった場合には、その時点で算定基礎届を提出する必要があります。

報酬月額の算定方法

算定基礎届に記入する報酬は、その年の4月・5月・6月の各月に支払われた報酬月額です。各人の給与の支払形態には、月給制や日給制などがあり、支払対象期間（給与の締切日）もまちまちです。このため、算定基礎届においては、その報酬が「実際に支払われた日の属する月」をその対象とすることにしています。

たとえば、3月1日から3月31日までの給料を4月5日に支払うなど、給与の支払が翌月になる場合は、その事業所の給与は3月分であったとしても、翌4月に受けた報酬として取り扱います。

支払基礎日数17日（短時間は11日）未満の月は除外

支払基礎日数とは、報酬を計算する基礎となる日数をいいます。対象となる4月・5月・6月の3ヵ月間は、いずれも支払基礎日数が17日以上あることが必要とされていますので、17日未満の月があれば、その月は、報酬月額算定の対象から除外して平均額を出します。特定適用事業所等に勤務する短時間労働者については11日以上が算定対象月となります。（パートタイマーの支払基礎日数は30頁参照）。

● 日給制の場合

報酬の支払いが日給制の場合は、出勤（稼働）日数が支払基礎日数となります。有給休暇を取得したときは、その日数を支払基礎日数に含めます。

● 月給制の場合

報酬の支払いが月給制の場合は、支払対象期間の暦日数が支払基礎日数になります。たとえば4月21日～5月20日分を5月25日に支払う場合は、5月の支払基礎日数は「30日」となります。

月給制で欠勤日数分に応じ給料が差し引かれる場合は、欠勤減額の規定（就業規則や給与規程等）に基づき、事業所が定めた日数から欠勤日数を差し引いた日数を支払基礎日数とします。

> **支払基礎日数のかぞえ方**（欠勤控除がある場合）
> （例）事業所の定めた所定労働日数22日
> 　　　欠勤3日の場合
> 　　　支払基礎日数＝22日－3日＝19日

■ 支払基礎日数

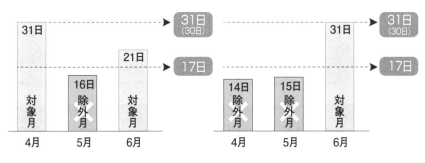

■ 特定適用事業所の短時間労働者の場合

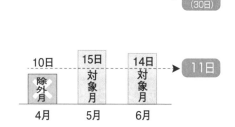

70歳以上被用者の届出

平成19年4月から、適用事業所に使用される70歳以上の年金受給者については、60歳代後半の在職老齢年金と同様のしくみが適用されています。このため、厚生年金保険の事業主には、70歳以上の被用者の雇用・退職または報酬・賞与等の額に関する届出が被保険者同様必要となります。

※健康保険の資格を喪失した75歳以上の方や、健康保険組合に加入されている場合も届出が必要です。

※平成27年10月に被用者年金一元化法が施行されたことに伴い、従来、70歳以上被用者の届出対象外とされていた昭和12年4月1日以前に生まれた方についても、在職支給停止の対象となるため届出が必要です。

● 70歳以上被用者の届出が必要な対象者

● **70歳以上の人**

● **厚生年金保険適用事業所に使用され**＊、**厚生年金保険に定める適用除外に該当しない人**

● **過去に厚生年金保険の被保険者期間がある人**
　＊法人事業所の事業主を含みます

修正平均による算定基礎届

　一般的な方法によって報酬月額が算定できない場合や算定結果が著しく不当になる場合には、その被保険者が9月以降に受けると予想される報酬月額（修正平均したもの）を算定して、保険者等が標準報酬月額を決定します。

●修正平均を行う場合

　修正平均を行うのは、次のような場合です。その手続きは、通常の算定基礎届と同様に原則として3ヵ月の報酬月額の内訳を届け出ることに変わりはありません。

一般的な算定方法が困難な場合

❶4月・5月・6月の3ヵ月とも、支払基礎日数が17日（特定適用事業所等に勤務する短時間労働者は11日）未満のとき

❷病気等による欠勤で4月・5月・6月の3ヵ月間に全く報酬を受けないとき

❸育児休業等や介護休業で4月・5月・6月の3ヵ月間に報酬の全部を受けないとき

↓

従前の標準報酬月額が引き続き適用されます

一般的な方法で算定すると著しく不当になる場合

❶3月以前にさかのぼった昇給の差額分を4月・5月・6月のいずれかの月に受けたとき

❷4月・5月・6月のいずれかの月に3月以前の月の給与の支払を受けたとき

❸4月・5月・6月のいずれかの月の給与が7月以降に支払われるとき

❹低額の休職給を受けたとき（病気などによる休職の場合）

❺賃金カットを受けたとき（ストライキなどの場合）

❻当年4月から6月の平均報酬と、前年7月から当年6月の平均報酬（支払基礎日数17日（特定適用事業所等に勤務する短時間労働者は11日）未満の月を除く）の差が2等級以上生じる場合であって、業務の性質上例年発生することが見込まれるとき（申し立てにより）

↓

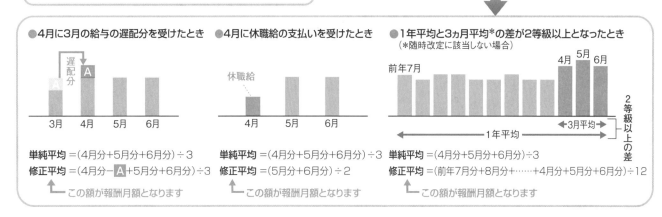

70歳以上被用者の算定基礎届

　70歳以上の被用者の標準報酬月額相当額は、実際に4月・5月・6月に受けた報酬の平均月額にあわせて毎年改定されます。事業主は、「算定基礎届」に各被用者の報酬を記入し、69歳以下の算定基礎届とともに提出してください。

■被保険者報酬月額算定基礎届の記入

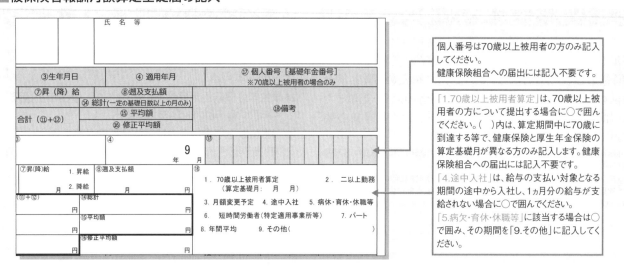

個人番号は70歳以上被用者の方のみ記入してください。
健康保険組合への届出には記入不要です。

「1.70歳以上被用者算定」は、70歳以上被用者の方について提出する場合に○で囲んでください。（　）内は、算定期間中に70歳に到達する等で、健康保険と厚生年金保険の算定基礎月が異なる方のみ記入します。健康保険組合への届出には記入不要です。
「4.途中入社」は、給与の支払い対象となる期間の途中から入社し、1ヵ月分の給与が支給されない場合に○で囲んでください。
「5.病欠・育休・休職等」に該当する場合は○で囲み、その期間を「9.その他」に記入してください。

報酬月額の計算・算定基礎届の記入例

1 一般的な例：4月・5月・6月とも支払基礎日数が17日以上のとき ➡ **4月・5月・6月の合計額を3で割って計算します**

月	支払基礎日数	基本給	家族手当	住宅手当	通勤手当	残業手当	合計
4月	31 日	270,000 円	10,000 円	8,000 円	9,200 円	15,000 円	312,200 円
5月	30 日	270,000 円	10,000 円	8,000 円	9,200 円	21,000 円	318,200 円
6月	31 日	270,000 円	10,000 円	8,000 円	9,200 円	17,000 円	314,200 円
						総計	944,600 円

●算定基礎届記入例

被保険者番号、氏名、生年月日、従前の標準報酬月額があらかじめ印字されています

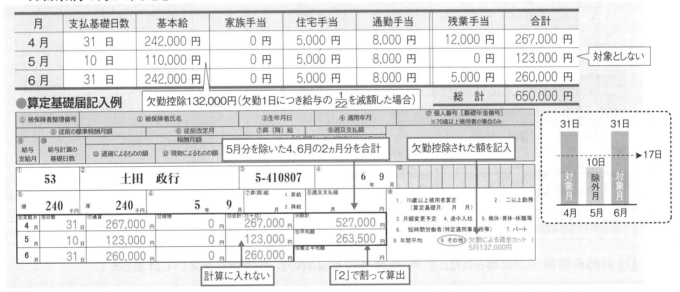

2 一般被保険者の支払基礎日数に17日未満の月があるとき ➡ **17日未満の月を除いた月数で出した平均額を記入します**

月	支払基礎日数	基本給	家族手当	住宅手当	通勤手当	残業手当	合計	
4月	31 日	242,000 円	0 円	5,000 円	8,000 円	12,000 円	267,000 円	
5月	10 日	110,000 円	0 円	5,000 円	8,000 円	0 円	123,000 円	対象としない
6月	31 日	242,000 円	0 円	5,000 円	8,000 円	5,000 円	260,000 円	
						総計	650,000 円	

●算定基礎届記入例

欠勤控除132,000円（欠勤1日につき給与の $\frac{1}{22}$ を減額した場合）

5月分を除いた4、6月の2ヵ月分を合計

欠勤控除された額を記入

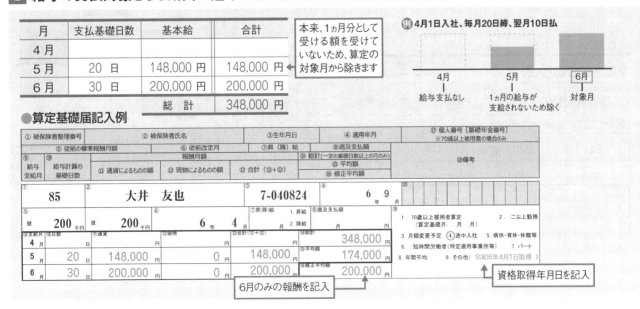

計算に入れない ／ 「2」で割って算出

3 給与の支払対象となる期間の途中から入社したとき ➡ **途中入社月を除いた月を対象とします**

月	支払基礎日数	基本給	合計
4月			
5月	20 日	148,000 円	148,000 円
6月	30 日	200,000 円	200,000 円
		総計	348,000 円

本来、1ヵ月分として受ける額を受けていないため、算定の対象月から除きます

例 4月1日入社、毎月20日締、翌月10日払

- 4月　給与支払なし
- 5月　1ヵ月の給与が支給されないため除く
- 6月　対象月

●算定基礎届記入例

① 被保険者整理番号	② 被保険者氏名	③ 生年月日	④ 適用年月	⑫ 個人番号［基礎年金番号］※70歳以上被用者の場合のみ

| | | 85 | | 大井　友也 | | 7-040824 | | 6年9月 | | |

⑨給与支給月	⑩日数	⑪通貨	⑫現物	⑬合計（⑪+⑫）	⑭総計	⑮平均額	⑯修正平均額	
4月					348,000			
5月	20日	148,000	0	148,000		174,000		
6月	30日	200,000	0	200,000		200,000		

健 200千円　厚 200千円　6年4月　⑧遡及支払額

3. 月額変更予定　④ 途中入社　5. 病休・育休・休職等

9. その他（令和6年4月1日取得）

6月のみの報酬を記入

資格取得年月日を記入

4 現物給与があるとき ➡ 都道府県ごとに厚生労働大臣が定める価額(97頁参照)で計算して算入します

月	支払基礎日数	基本給	家族手当	通勤手当	残業手当	昼食(現物)	合計
4月	31 日	295,000 円	12,000 円	7,000 円	23,150 円	5,670 円	342,820 円
5月	30 日	295,000 円	12,000 円	7,000 円	18,200 円	4,860 円	337,060 円
6月	31 日	295,000 円	12,000 円	7,000 円	20,200 円	5,940 円	340,140 円
						総計	1,020,020 円

現物給与(昼食)　4月 現物給与の価額　270円×21日=5,670円
(会社全額負担の例)　5月 現物給与の価額　270円×18日=4,860円
　6月 現物給与の価額　270円×22日=5,940円

●算定基礎届記入例

① 被保険者整理番号	② 被保険者氏名	③生年月日	④ 適用年月	⑰ 個人番号【基礎年金番号】※70歳以上被用者の場合のみ			
⑤ 従前の標準報酬月額	⑥ 従前改定月	⑦昇(降)給	⑧遡及支払額	⑱備考			
⑨給与支給月 / ⑩給与計算の基礎日数	報酬月額 / ⑪通貨によるものの額 / ⑫現物によるものの額 / ⑬合計(⑪+⑫)	⑭総計(一定の基礎日数以上の月のみ) / ⑮平均額 / ⑯修正平均額					

10	鈴木　純一郎	5-350215	6年 9月				
健 320 千円　厚 300 千円	5年 9月	昇(降)給 1.昇給 2.降給	遡及支払額	1.70歳以上被用者算定(算定基礎月:　月　月)　2.二以上勤務 3.月額変更予定　4.途中入社　5.病休・育休・休職等 6.短時間労働者(特定適用事業所等)　7.パート 8.年間平均　(9.その他)　食事(昼)			
4月 31日	337,150円	5,670円	342,820円	総計 1,020,020円			
5月 30日	332,200円	4,860円	337,060円	平均額 340,006円			
6月 31日	334,200円	5,940円	340,140円	修正平均額			

5 賞与が年4回以上支給されたとき ➡ 賞与を通常の報酬に含めて算定します

月	支払基礎日数	基本給	家族手当	通勤手当	残業手当	賞与	合計
4月	31 日	255,000 円	5,000 円	10,000 円	円	70,000 円	340,000 円
5月	30 日	255,000 円	5,000 円	10,000 円	4,000 円	70,000 円	344,000 円
6月	31 日	255,000 円	5,000 円	10,000 円	2,000 円	70,000 円	342,000 円
						総計	1,026,000 円

●算定基礎届記入例

① 被保険者整理番号	② 被保険者氏名	③生年月日	④ 適用年月	⑰ 個人番号【基礎年金番号】※70歳以上被用者の場合のみ			
⑤ 従前の標準報酬月額	⑥ 従前改定月	⑦昇(降)給	⑧遡及支払額	⑱備考			
⑨給与支給月 / ⑩給与計算の基礎日数	報酬月額 / ⑪通貨によるものの額 / ⑫現物によるものの額 / ⑬合計(⑪+⑫)	⑭総計(一定の基礎日数以上の月のみ) / ⑮平均額 / ⑯修正平均額					

53	藤原　昇平	5-460723	6年 9月				
健 300 千円　厚 300 千円	5年 9月	昇(降)給 1.昇給 2.降給	遡及支払額	1.70歳以上被用者算定(算定基礎月:　月　月)　2.二以上勤務 3.月額変更予定　4.途中入社　5.病休・育休・休職等 6.短時間労働者(特定適用事業所等)　7.パート 8.年間平均　(9.その他)　賞与・期末手当 9月.12月.3月.6月70,000円			
4月 31日	340,000円	0円	340,000円	総計 1,026,000円			
5月 30日	344,000円	0円	344,000円	平均額 342,000円			
6月 31日	342,000円	0円	342,000円	修正平均額			

前年7月から当年6月までに支払われた年4回の賞与等支給総額(この場合は840,000円)を「12」で割って1ヵ月分を出し、各月の報酬月額に算入する

6 昇給の差額分が支給されたとき ➡ 算定基礎月以前の昇給差額分を除いて計算します

月	支払基礎日数	基本給・残業	3月昇給差額分	合計
4月	31 日	276,000 円	円	276,000 円
5月	30 日	287,000 円	26,000 円	313,000 円
6月	31 日	290,000 円	円	290,000 円
			総計	879,000 円

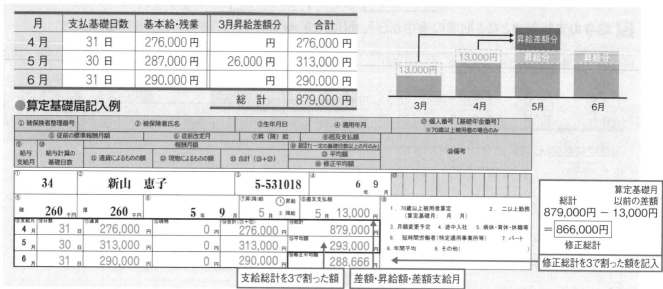

●算定基礎届記入例

① 被保険者整理番号	② 被保険者氏名	③生年月日	④ 適用年月	⑰ 個人番号【基礎年金番号】※70歳以上被用者の場合のみ			
⑤ 従前の標準報酬月額	⑥ 従前改定月	⑦昇(降)給	⑧遡及支払額	⑱備考			
⑨給与支給月 / ⑩給与計算の基礎日数	報酬月額 / ⑪通貨によるものの額 / ⑫現物によるものの額 / ⑬合計(⑪+⑫)	⑭総計(一定の基礎日数以上の月のみ) / ⑮平均額 / ⑯修正平均額					

34	新山　恵子	5-531018	6年 9月				
健 260 千円　厚 260 千円	5年 9月	①昇(降)給 5月 1.昇給 2.降給	遡及支払額 5月 13,000	1.70歳以上被用者算定(算定基礎月:　月　月)　2.二以上勤務 3.月額変更予定　4.途中入社　5.病休・育休・休職等 6.短時間労働者(特定適用事業所等)　7.パート 8.年間平均　9.その他( )			
4月 31日	276,000	0	276,000	総計 879,000			
5月 30日	313,000	0	313,000	平均額 ▲293,000			
6月 31日	290,000	0	290,000	修正平均額 288,666			

支給総計を3で割った額　差額・昇給額・差額支給月

算定基礎月以前の差額
総計　879,000円 − 13,000円
= 866,000円
修正総計
修正総計を3で割った額を記入

7 4月・5月・6月の給与の一部が7月以降に遅配されたとき ➡ 遅配月を除いて計算します

月	支払基礎日数	基本給	通勤手当	残業手当	合計
4月	31 日	352,000 円	10,000 円	12,500 円	374,500 円
5月	30 日	352,000 円	10,000 円	8,300 円	370,300 円
6月	17 日	272,000 円	10,000 円	4,200 円	286,200 円
				総 計	1,031,000 円

6月の給与が5日分（80,000円）遅配され、7月以降の支払いとなったときは、遅配された月を除いた修正平均を出します

●算定基礎届記入例

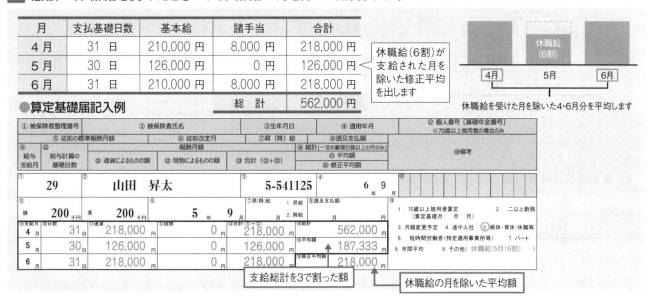

支給総計を3で割った額

遅配月を除いた平均額

8 低額の休職給を受けたとき ➡ 休職給の月を除いて計算します

月	支払基礎日数	基本給	諸手当	合計
4月	31 日	210,000 円	8,000 円	218,000 円
5月	30 日	126,000 円	0 円	126,000 円
6月	31 日	210,000 円	8,000 円	218,000 円
			総 計	562,000 円

休職給（6割）が支給された月を除いた修正平均を出します

休職給（6割）

4月　5月　6月

休職給を受けた月を除いた4・6月分を平均します

●算定基礎届記入例

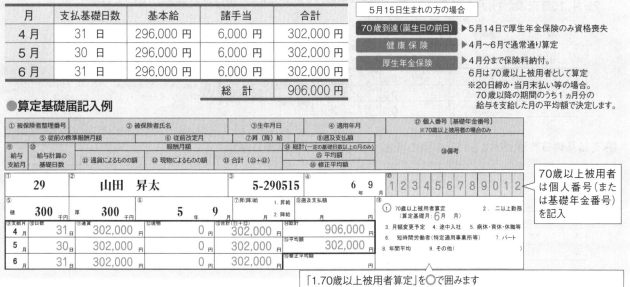

支給総計を3で割った額

休職給の月を除いた平均額

9 算定対象月に70歳に到達したとき ➡ 健康保険と厚生年金保険の算定が異なります

月	支払基礎日数	基本給	諸手当	合計
4月	31 日	296,000 円	6,000 円	302,000 円
5月	30 日	296,000 円	6,000 円	302,000 円
6月	31 日	296,000 円	6,000 円	302,000 円
			総 計	906,000 円

5月15日生まれの方の場合

70歳到達（誕生日の前日） ▶5月14日で厚生年金保険のみ資格喪失

健康保険 ▶4月～6月で通常通り算定

厚生年金保険 ▶4月分まで保険料納付。
6月は70歳以上被用者として算定
※20日締め・当月末払い等の場合。
70歳以降の期間のうち1ヵ月分の
給与を支給した月の平均額で決定します。

●算定基礎届記入例

① 被保険者整理番号	② 被保険者氏名	③ 生年月日	④ 適用年月	⑰ 個人番号［基礎年金番号］ ※70歳以上被用者の場合のみ
29	山田 昇太	5-290515	6年 9月	1 2 3 4 5 6 7 8 9 0 1 2

⑤ 従前の標準報酬月額		⑥ 従前改定月	⑦ 昇（降）給	⑧ 遡及支払額	⑱ 備考
健 300千円	厚 300千円	5年 9月	1.昇給 2.降給		1. 70歳以上被用者算定（算定基礎月:6月　月） 2. 二以上勤務

⑨給与支給月	⑩給与計算の基礎日数	⑪通貨によるものの額	⑫現物によるものの額	⑬合計（⑪+⑫）	⑭総計 ⑮平均額 ⑯修正平均額
4月	31日	302,000	0	302,000	総計 906,000
5月	30日	302,000	0	302,000	平均額 302,000
6月	31日	302,000	0	302,000	修正平均額

3. 月額変更予定　4. 途中入社　5. 病休・育休・休職等
6. 短時間労働者（特定適用事業所等）　7. パート
8. 年間平均　9. その他

70歳以上被用者は個人番号（または基礎年金番号）を記入

「1.70歳以上被用者算定」を○で囲みます
算定期間中に70歳に到達したときは、健康保険と厚生年金保険で算定基礎月が異なるため、（ ）内に70歳以上被用者分の算定月を記入します。
※70歳以降の期間のうち1ヵ月分の給与を支給した月を記入

10 パートタイマー(短時間就労者)の算定方法 ➡ 支払基礎日数によって異なります

9頁**2**(特定適用事業所等の短時間労働者)以外のパートタイマーの算定基礎届については、支払基礎日数が17日以上の月があれば、通常の方法で算定しますが、各月とも支払基礎日数が17日未満の場合は、支払基礎日数が15日以上の月の報酬を対象に算定します。

支払基礎日数が17日未満の月で標準報酬月額を算定するのは定時決定および育児休業等終了時改定等の特例であって、月額変更届の取り扱いは、本来のとおり継続した3ヵ月のいずれかの月においても17日以上であることが必要です。

支払基礎日数	標準報酬月額決定方法
3ヵ月とも17日以上ある場合	3ヵ月の報酬に基づき決定
1ヵ月でも17日以上ある場合	17日以上の月の報酬に基づき決定
3ヵ月とも15日以上17日未満の場合	3ヵ月の報酬に基づき決定
2ヵ月は15日以上17日未満、1ヵ月は15日未満の場合	15日以上17日未満の2ヵ月の報酬に基づき決定
1ヵ月は15日以上17日未満、2ヵ月は15日未満の場合	15日以上17日未満の1ヵ月の報酬に基づき決定
3ヵ月とも15日未満の場合	従前の標準報酬月額に基づき決定

※特定適用事業所等に勤務する短時間労働者の支払基礎日数の基準は「11日以上の月」となります。

●算定基礎届記入例(特定適用事業所以外等)

1 支払基礎日数17日以上が1ヵ月でもある場合 ➡ 17日以上の月の報酬で決定

① 被保険者整理番号	② 被保険者氏名		③ 生年月日	④ 適用年月	⑰ 個人番号[基礎年金番号]※70歳以上被用者の場合のみ
23	相沢 カオリ		5-490825	6年 9月	

⑤従前の標準報酬月額		⑥従前改定月	⑦昇(降)給	⑧遡及支払額	⑱備考
健 **126**千円	厚 **126**千円	5年 9月	1.昇給 2.降給 月	月 円	1. 70歳以上被用者算定(算定基礎月: 月 月)　2. 二以上勤務 3. 月額変更予定　4. 途中入社　5. 病休・育休・休職等 6. 短時間労働者(特定適用事業所等)　⑦パート 8. 年間平均　9. その他( )

⑨給与支給月	⑩給与計算の基礎日数	⑪通貨によるものの額	⑫現物によるものの額	⑬合計(⑪+⑫)	⑭総計(一定の基礎日数以上の月のみ) / ⑮平均額 / ⑯修正平均額
4月	15日	108,600円	0円	108,600円	⑭総計 130,300円
5月	16日	115,800円	0円	115,800円	⑮平均額 130,300円
6月	18日	130,300円	0円	130,300円	⑯修正平均額 円

2 支払基礎日数が3ヵ月とも15日以上17日未満の場合 ➡ 4月・5月・6月の合計額を3で割って計算

①	②		③	④	⑰
25	小島 穂波		5-521023	6年 9月	

⑤		⑥	⑦昇(降)給	⑧遡及支払額	⑱
健 **104**千円	厚 **104**千円	5年 9月	1.昇給 2.降給 月	月 円	1. 70歳以上被用者算定(算定基礎月: 月 月)　2. 二以上勤務 3. 月額変更予定　4. 途中入社　5. 病休・育休・休職等 6. 短時間労働者(特定適用事業所等)　⑦パート 8. 年間平均　9. その他( )

⑨支給月	⑩日数	⑪通貨	⑫現物	⑬合計(⑪+⑫)	⑭総計
4月	15日	105,000円	0円	105,000円	⑭総計 322,000円
5月	16日	112,000円	0円	112,000円	⑮平均額 107,333円
6月	15日	105,000円	0円	105,000円	⑯修正平均額 円

3 支払基礎日数15日以上17日未満が2ヵ月、15日未満が1ヵ月の場合 ➡ 15日未満の月を除いた2ヵ月間の合計額を2で割って計算

①	②		③	④	⑰
30	高澤 杏子		5-550610	6年 9月	

⑤		⑥	⑦昇(降)給	⑧遡及支払額	⑱
健 **098**千円	厚 **098**千円	5年 9月	1.昇給 2.降給 月	月 円	1. 70歳以上被用者算定(算定基礎月: 月 月)　2. 二以上勤務 3. 月額変更予定　4. 途中入社　5. 病休・育休・休職等 6. 短時間労働者(特定適用事業所等)　⑦パート 8. 年間平均　9. その他( )

⑨支給月	⑩日数	⑪通貨	⑫現物	⑬合計	⑭総計
4月	12日	78,000円	0円	78,000円	⑭総計 208,000円
5月	16日	104,000円	0円	104,000円	⑮平均額 104,000円
6月	16日	104,000円	0円	104,000円	⑯修正平均額 円

4 支払基礎日数が3ヵ月とも15日未満の場合 ➡ 従前の標準報酬月額で決定

記入は省略

①	②		③	④	⑰
33	大柴 達哉		5-601121	6年 9月	

⑤		⑥	⑦昇(降)給	⑧遡及支払額	⑱
健 **078**千円	厚 **088**千円	5年 9月	1.昇給 2.降給 月	月 円	1. 70歳以上被用者算定(算定基礎月: 月 月)　2. 二以上勤務 3. 月額変更予定　4. 途中入社　5. 病休・育休・休職等 6. 短時間労働者(特定適用事業所等)　⑦パート 8. 年間平均　9. その他( )

⑨支給月	⑩日数	⑪通貨	⑫現物	⑬合計	⑭総計
4月	12日	78,000円	0円	78,000円	⑭総計
5月	11日	71,500円	0円	71,500円	⑮平均額
6月	12日	78,000円	0円	78,000円	⑯修正平均額

11 3ヵ月平均額と年平均額の間に2等級以上の差が生じるとき ➡ 年間給与の平均額で算定できます

月	支払基礎日数	基本給	諸手当	合計
4月	31 日	242,000 円	32,600 円	274,600 円
5月	30 日	242,000 円	38,000 円	280,000 円
6月	31 日	242,000 円	41,300 円	283,300 円
			総 計	837,900 円

例年4〜6月は繁忙期で残業代が増加する例

月平均報酬額	279,300円
前年7月〜当年6月の月平均報酬額	245,800円

●算定基礎届記入例

① 被保険者整理番号		② 被保険者氏名			③生年月日		④ 適用年月		⑰ 個人番号［基礎年金番号］ ※70歳以上被用者の場合のみ
⑤ 従前の標準報酬月額			⑥ 従前改定月		⑦昇（降）給		⑧遡及支払額		
⑨給与支払月	⑩給与計算の基礎日数	⑪ 通貨によるものの額	報酬月額 ⑫ 現物によるものの額		⑬ 合計（⑪＋⑫）	⑭総計（一定の基礎日数以上の月のみ） ⑮ 平均額 ⑯ 修正平均額			⑱備考
37		笠山　康行			5-591123		6 年 9		
健 **280** 千円	厚 **280** 千円		5 年 9 月		1. 昇給 2. 降給		月		1．70歳以上被用者算定（算定基礎： 月 月） 2．二以上勤務 3．月額変更予定 4．途中入社 5．病休・育休・休職等 6．短時間労働者（特定適用事業所等） 7．パート 8．年間平均 9．その他（ ）
4 月	31 日	274,600 円	0 円	274,600 円		837,900		
5 月	30 日	280,000 円	0 円	280,000 円	279,300			
6 月	31 日	283,300 円	0 円	283,000 円	245,800			

年間報酬の平均で算定することの申立てを行う場合に添付する「（様式2）保険者算定申立に係る例年の状況、標準報酬月額の比較及び被保険者の同意等」に記入した【標準報酬月額の比較欄】の「修正平均額」を記入してください

年間報酬の平均で算定することの申立てを行う場合は、「年間平均」を記入してください。この場合、「（様式1）年間報酬の平均で算定することの申立書」を添付してください

算定基礎届のための確認事項

労働者名簿のチェック

算定基礎届の記入モレを防ぐため、労働者名簿を点検し、算定基礎届の対象となる7月1日現在の被保険者を確認します。

チェック1 6月1日以降に被保険者資格を取得した人は、資格取得届によって標準報酬月額が決められるため、算定基礎届は必要ありません。

チェック2 長期休職者や長期海外出張者など、出勤していなくても被保険者資格が継続している人も算定基礎届の対象です。

チェック3 6月30日までに入社・退社した人の資格取得・喪失届にモレがないかを確認します。

賃金台帳の整理

賃金台帳、所得税源泉徴収簿、出勤簿などを整理しておきます。

チェック1 4月・5月・6月に支払った報酬および支払基礎日数（一般被保険者は17日以上、特定適用事業所に勤務する短時間労働者は11日以上）を確認します。

チェック2 現物給与（被保険者の勤務地が属する都道府県の価額）を確認。食事や住宅などの現物支給は、金銭に換算します。

チェック3 差額支給や給与の遅配分がないかを確認します。

新しい標準報酬月額の通知は

算定基礎届により、新しい標準報酬月額が決定されると、「**標準報酬月額決定通知書**」が送付されます。各被保険者には、新しい標準報酬月額を給与明細書などで通知することが必要です。この標準報酬月額に基づき、9月から保険料や保険給付が計算されます。なお、9月分の保険料額は、10月支給の給与から控除されることになります。

随時改定（月額変更届）

　被保険者の受ける報酬が、昇給や降給により大幅に変動があったときは、実際に受ける報酬と標準報酬月額との間に隔たりがないよう、報酬月額の変更を事業主が行うものです。これを「随時改定」といい、その届出を「月額変更届」といいます。

月額変更届が必要となるとき

月額変更届は、次の3つのすべてに該当したときに行われます。1つでも欠ければ届出は必要ありません。

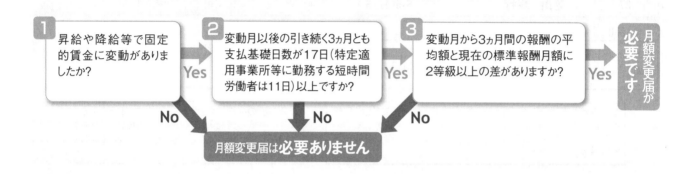

1 固定的賃金の変動とは

賃金	固定的	支給額・支給率が決まっているもの 基本給（月給、週給、日給）、家族手当、通勤手当、住宅手当、役付手当、勤務地手当など	
賃金	非固定的	稼働実績などによって支給されるもの 残業手当、能率手当、日直手当、勤務手当、精勤手当など	

変動があった場合とは
・昇給（ベースアップ）や降給（ベースダウン）
・給与体系の変更（たとえば日給制から月給制への変更）
・固定的な手当の支給額の変更
・基礎単価（日給や時間給）や歩合率の変更
・一時帰休による通常の報酬よりも低額な休業手当の支給

非固定的賃金の変動のみでは、随時改定は行いません

2 変動月以後引き続く3ヵ月間とは

　固定給に変動があった月を「変動月」とし、この月以後引き続く3ヵ月間の報酬月額の平均額をもとにします。3ヵ月間の支払基礎日数はいずれも17日（特定適用事業所等に勤務する短時間労働者は11日）以上あることが必要です。こ

の間に、支払基礎日数17日（特定適用事業所等に勤務する短時間労働者は11日）未満の月が1ヵ月でもあれば、たとえ2等級以上の差が生じても引き続く3ヵ月間とはならないため、随時改定は行われません。

3 2等級以上の差とは

　現在の標準報酬月額と固定的賃金変動後の標準報酬月額を標準報酬月額等級表に当てはめ、2等級以上の差が生じたときは、月額変更届の提出が必要です。
　固定的賃金の変動のみでは2等級の差がない場合でも、

残業手当などを含めて2等級以上の差になれば月額変更届の対象になります。2等級以上の差の判断は、固定的賃金だけではなく、非固定的賃金を含めた全ての報酬で行います。

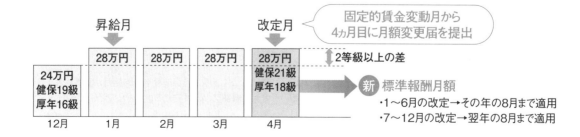

標準報酬月額等級の上限・下限にある人の扱い

　標準報酬月額には上限・下限があるため、たとえば健康保険の第49級（月額1,330,000円）の人は報酬がどんなに上がっても、現在の標準報酬月額の上限が第50級（月額1,390,000円）のため、2等級の差が出ません。このような場合でも、実質的に2等級以上の変動が生じた場合は、随時改定の対象となります。

　次表の現在の標準報酬月額（❶）に該当する人が、固定的賃金の変動月以後引き続く3ヵ月の報酬月額の平均が、❷の額になった場合、随時改定が行われ、改定後の標準報酬月額（❸）となります。なお、等級は改定される場合があります。

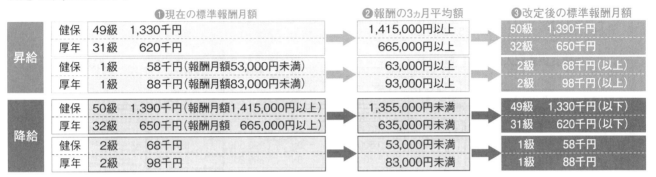

			❶現在の標準報酬月額	❷報酬の3ヵ月平均額	❸改定後の標準報酬月額
昇給	健保	49級	1,330千円	1,415,000円以上	50級 1,390千円
	厚年	31級	620千円	665,000円以上	32級 650千円
	健保	1級	58千円（報酬月額53,000円未満）	63,000円以上	2級 68千円（以上）
	厚年	1級	88千円（報酬月額83,000円未満）	93,000円以上	2級 98千円（以上）
降給	健保	50級	1,390千円（報酬月額1,415,000円以上）	1,355,000円未満	49級 1,330千円（以下）
	厚年	32級	650千円（報酬月額 665,000円以上）	635,000円未満	31級 620千円（以下）
	健保	2級	68千円	53,000円未満	1級 58千円
	厚年	2級	98千円	83,000円未満	1級 88千円

月額変更届の必要の有無

　固定的賃金は増加しても、それ以上に残業手当など非固定的賃金が減少したため、3ヵ月間の平均額が結果として2等級以上下がった場合、また、逆に、固定的賃金は減少しても、それ以上に残業手当など非固定的賃金が増加し、3ヵ月間の平均額が2等級以上上がった場合などは、たとえ2等級以上の差を生じても随時改定には該当しないものとして取り扱い、月額変更届の提出は必要ありません。

　報酬の変動と3ヵ月の平均額との関係は次のとおりです。

↑…増額　↓…減額

報	固定的賃金	↑	↑	↓	↓	↑	↓
酬	非固定的賃金	↑	↓	↓	↑	↓	↑
3ヵ月の平均額（2等級以上の差）		↑	↑	↓	↓	↓	↑
月額変更届の必要		あり	あり	あり	あり	なし	なし

変動の原因である「固定的賃金」と変動の結果の「3ヵ月の平均額」の矢印が同じ向きのとき随時改定が必要です。逆の向きの場合は随時改定には該当しません。

※3ヵ月に支払基礎日数17日（特定適用事業所等に勤務する短時間労働者は11日）未満の月が1ヵ月でもあれば月額変更届は不要です。

標準報酬月額の改定時期と適用期間

　随時改定に該当したときは、変動月から4ヵ月目に新しい標準報酬月額に改定されます。たとえば、1月の昇給で随時改定に該当すれば、4月から標準報酬月額が改定されます。ただし、変動月は、実際に昇給や降給などした額が支払われた月をいいますので、たとえば、1月に昇給しても昇給による差額が実際に支払われたのが3月だった場合は、実際に支払われた3月を変動月とみなして、4ヵ月目の6月から標準報酬月額が改定されます。

　新しい標準報酬月額は、改定が1月〜6月に行われた場合はその年の8月まで、7月〜12月に行われた場合は翌年の8月まで適用されます。なお、その間にも再び固定的賃金に変動があれば、再度、随時改定の対象となります。

1月	2月	3月	4月	5月	6月	7月	8月	9月	10月	11月	12月		8月

随時改定　　8月まで適用　→

随時改定　　翌年8月まで適用　→

報酬月額の計算・月額変更届の記入例

1 一般的な例:昇給があったとき ➡ 随時改定に該当するかどうかを確認します

月	支払基礎日数	基本給	諸手当	残業手当	合 計
10月	30 日	254,000 円	18,000 円	18,500 円	290,500 円
11月	31 日	254,000 円	18,000 円	21,200 円	293,200 円
12月	30 日	254,000 円	18,000 円	28,600 円	300,600 円
				総 計	884,300 円

残業手当など(非固定的賃金)を含めて2等級以上の差

支払基礎日数が3ヵ月とも17日以上

基本給(固定的賃金)が10月から25,000円上がった

●月額変更届記入例

今までの標準報酬月額260,000円

① 被保険者整理番号	② 被保険者氏名	③ 生年月日	④ 改定年月	⑰ 個人番号[基礎年金番号]※70歳以上被用者の場合のみ
⑤ 従前の標準報酬月額	⑥ 従前改定月	⑦ 昇(降)給	⑧ 遡及支払額	
⑨給与支給月 ⑩給与計算の基礎日数	報酬月額 ⑪通貨によるものの額 ⑫現物によるものの額	⑬ 合計(⑪+⑫)	⑭ 総計 ⑮ 平均額 ⑯ 修正平均額	⑱ 備考

① 42　② 中井 慎一郎　③ 5-460225　④ 7年 1月
健 260千円　厚 260千円　⑥ 6年 9月　⑦昇(降)給 10月 1.昇給 2.降給　⑧遡及支払額

⑨月	⑩日数	⑪通貨	⑫現物	⑬合計(⑪+⑫)	
10月	31	290,500	0	290,500	⑭総計 884,300
11月	30	293,200	0	293,200	⑮平均額 294,766
12月	31	300,600	0	300,600	⑯修正平均額

備考:
1. 70歳以上被用者月額変更
2. 二以上勤務
3. 短時間労働者(特定適用事業所等)
4. 昇給・降給の理由(基本給の変更)
5. 健康保険のみ月額変更(70歳到達時の契約変更等)
6. その他(　　　)

2 標準報酬月額が上限・下限のとき ➡ 1等級差でも随時改定に該当することがあります

月	支払基礎日数	基本給	合 計
9月	31 日	1,450,000 円	1,450,000 円
10月	30 日	1,450,000 円	1,450,000 円
11月	31 日	1,450,000 円	1,450,000 円
		総 計	4,350,000 円

基本給が9月から100,000円上がった

●月額変更届記入例

① 被保険者整理番号	② 被保険者氏名	③ 生年月日	④ 改定年月	⑰ 個人番号[基礎年金番号]※70歳以上被用者の場合のみ
⑤ 従前の標準報酬月額	⑥ 従前改定月	⑦ 昇(降)給	⑧ 遡及支払額	
⑨給与支給月 ⑩給与計算の基礎日数	報酬月額 ⑪通貨によるものの額 ⑫現物によるものの額	⑬ 合計(⑪+⑫)	⑭ 総計 ⑮ 平均額 ⑯ 修正平均額	⑱ 備考

① 2　② 山田 一夫　③ 5-340903　④ 6年 12月
健 1330千円　厚 650千円　⑥ 6年 9月　⑦昇(降)給 9月 1.昇給 2.降給　⑧遡及支払額

⑨月	⑩日数	⑪通貨	⑫現物	⑬合計(⑪+⑫)	
9月	31	1,450,000	0	1,450,000	⑭総計 4,350,000
10月	30	1,450,000	0	1,450,000	⑮平均額 1,450,000
11月	31	1,450,000	0	1,450,000	⑯修正平均額

備考:
1. 70歳以上被用者月額変更
2. 二以上勤務
3. 短時間労働者(特定適用事業所等)
4. 昇給・降給の理由(基本給の変更)
5. 健康保険のみ月額変更(70歳到達時の契約変更等)
6. その他(　　　)

3 昇給分がさかのぼって支給されたとき(修正平均) ➡ 差額を差し引いて2等級差が出たら届出をします

月	支払基礎日数	基本給	残業手当	4月昇給差額分	合 計
5月	30 日	258,000 円	25,200 円	15,000 円	298,200 円
6月	31 日	258,000 円	28,500 円	円	286,500 円
7月	30 日	258,000 円	29,200 円	円	287,200 円
				総 計	871,900 円

4月昇給の差額が5月に支払われたときは差額を差し引いて3ヵ月を平均します。

総計 871,900円 － 4月の差額 15,000円 ＝ 856,900円 修正総計

●月額変更届記入例

支給総計を3で割った額

差額・昇給額・昇給月

① 被保険者整理番号	② 被保険者氏名	③ 生年月日	④ 改定年月	⑰ 個人番号[基礎年金番号]※70歳以上被用者の場合のみ
⑤ 従前の標準報酬月額	⑥ 従前改定月	⑦ 昇(降)給	⑧ 遡及支払額	
⑨給与支給月 ⑩給与計算の基礎日数	報酬月額 ⑪通貨によるものの額 ⑫現物によるものの額	⑬ 合計(⑪+⑫)	⑭ 総計 ⑮ 平均額 ⑯ 修正平均額	⑱ 備考

① 28　② 小島 加代子　③ 5-401023　④ 6年 8月
健 240千円　厚 240千円　⑥ 5年 9月　⑦昇(降)給 5月 1.昇給 2.降給　⑧遡及支払額 5月 15,000

⑨月	⑩日数	⑪通貨	⑫現物	⑬合計(⑪+⑫)	
5月	30	298,200	0	298,200	⑭総計 871,900
6月	31	286,500	0	286,500	⑮平均額 290,633
7月	30	287,200	0	287,200	⑯修正平均額 285,633

備考:
1. 70歳以上被用者月額変更
2. 二以上勤務
3. 短時間労働者(特定適用事業所等)
4. 昇給・降給の理由(基本給の変更)
5. 健康保険のみ月額変更(70歳到達時の契約変更等)
6. その他(　　　)

修正総計を3で割った額

4 随時改定でも年間平均の申立ができるようになりました（平成30年10月から）

業務の性質上、繁忙期に残業が集中するなど、通常の随時改定では著しく不当になる場合は、年間平均による保険者算定を申し立てることができるようになりました。届出の際に月額変更届の「18備考」欄の「6.その他」を○で囲み、"年間平均"と記入し、「（様式1）年間報酬の平均で算定することの申立書（随時改定用）」、「（様式2）健康保険厚生年金保険被保険者報酬月額変更届・保険者算定申立に係る例年の状況、標準報酬月額の比較及び被保険者の同意等（随時改定用）」を添付して提出します。

■随時改定における年間平均のポイント

❶現在（改定前）の標準報酬月額と、通常の随時改定による報酬月額に2等級以上の差がある。
❷非固定的賃金を年間平均した場合の3ヵ月の報酬月額の平均が、通常の随時改定による報酬月額と2等級以上差がある。
❸現在の標準報酬月額と、年間平均した場合の報酬月額との差が1等級以上ある。

これらの条件を満たし、業務の性質上、例年見込まれる場合に、事業主の申立により保険者算定をすることができます。

例 10月に基本給2万円、役付手当2万円の昇給があった例

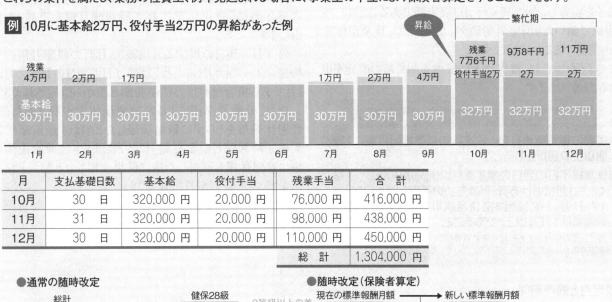

月	支払基礎日数	基本給	役付手当	残業手当	合 計
10月	30 日	320,000 円	20,000 円	76,000 円	416,000 円
11月	31 日	320,000 円	20,000 円	98,000 円	438,000 円
12月	30 日	320,000 円	20,000 円	110,000 円	450,000 円
				総 計	1,304,000 円

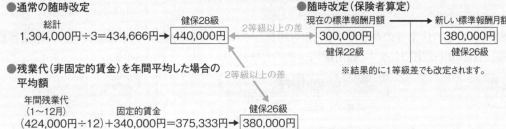

●通常の随時改定
総計
1,304,000円÷3＝434,666円 → 健保28級 440,000円
2等級以上の差

●残業代（非固定的賃金）を年間平均した場合の平均額
年間残業代
（1〜12月）　固定的賃金
（424,000円÷12）＋340,000円＝375,333円 → 健保26級 380,000円
2等級以上の差

●随時改定（保険者算定）
現在の標準報酬月額 → 新しい標準報酬月額
300,000円　　380,000円
健保22級　　健保26級
※結果的に1等級差でも改定されます。

こんなときに月額変更届は

新たに手当がついたとき
固定的賃金の変動になりますので、2等級の差があれば随時改定に該当するため、月額変更届が必要です。

健康保険の35級以上の人が2等級上がったとき
健康保険の35級以上で2等級上がったとき、4級以下で2等級下がったときは、厚生年金保険の等級は上下限により変動ありませんが、健康保険のみ随時改定が行われます。

昇（降）給が続いたとき
最初の昇（降）給では2等級以上の差がでなくても、その後さらに昇（降）給があり、2等級以上の差となった場合は、随時改定に該当するため、月額変更届が必要です。

一時帰休で低額な休業手当が支払われたとき
この場合は、固定的賃金の変動とみなされ2等級以上の差になれば月額変更届が必要です。ただし、その状態が継続して3ヵ月を超える場合に限られます。なお、標準報酬月額の決定・改定後に、一時帰休が解消し、通常の報酬となったときも随時改定の対象になります。

固定的賃金に変動はないが残業が多く2等級以上上がったとき
残業手当などの非固定的賃金の変動によって、従前の標準報酬月額と比べて2等級以上の差を生じた場合であっても、給与体系が変更されたり、固定的な賃金に変動がなければ、随時改定には該当しません。

病気欠勤で報酬が減少し、2等級以上下がったとき
一時的な勤務状態によって報酬額に増減を生じたときは、随時改定には該当しません。もし改定を行えば、傷病手当金などの保険給付算出の場合、被保険者に不利な状態を強いてしまうことになるからです。

産前産後休業・育児休業終了時の標準報酬月額

　産前産後休業後や育児休業終了後に報酬が変動した場合には、届け出て新しい標準報酬月額に改定することができます。産前産後休業後に届け出る「産前産後休業終了時報酬月額変更届」と育児休業終了後に届け出る「育児休業等終了時報酬月額変更届」があります。

産前産後休業・育児休業終了時の報酬月額変更

　被保険者が産前産後休業を終了し職場復帰した場合や、育児・介護休業法による育児休業等（育児休業に準じる休業を含む）終了時（職場復帰後も引き続き育児休業にかかる子を養育し、かつ、その子が3歳未満であること）に、時間短縮で働いたり所定外労働をしないことで、賃金が休業前より変動することがあります。

　このような場合に、被保険者は標準報酬月額の改定を申し出ることができます。

改定対象となる方（①②のすべての要件に該当したとき）

❶従前の標準報酬月額と改定後の標準報酬月額に1等級以上の差が生じるとき

❷休業終了日の翌日の属する月以後3ヵ月のうち、少なくとも1月における「報酬の支払の基礎となる日数」が17日（9頁②に該当する特定適用事業所等の短時間労働者は11日）以上*であること

*9頁②以外のパートタイマー（短時間就労者）については、3ヵ月のいずれも17日未満の場合は、15日以上17日未満の月の平均によって計算します。

●産前産後休業・育児休業終了時の改定の申出

　被保険者は、事業主を経由して、産前産後休業終了時に「産前産後休業終了時報酬月額変更届」を、育児休業等終了時に「育児休業等終了時報酬月額変更届」を提出します。

　終了日の翌日の属する月以後3ヵ月間の報酬月額の平均額によって4カ月目（たとえば終了日の翌日の属する月が1月である場合は4月）の標準報酬月額から改定されます。

　なお、労働基準法による産前産後休業が終了した後、育児休業等をとらずに職場復帰したときは、「産前産後休業終了時報酬月額変更届」に該当します。産前産後休業後に育児休業を取得した後に職場復帰したときは、「育児休業等終了時報酬月額変更届」に該当します。この場合は、産前産後休業終了時に産前産後休業終了時報酬月額変更届の提出はできません。

●改定月と適用期間

　改定された標準報酬月額は、その休業等の終了日の翌日から起算して2ヵ月が経過した日の属する月の翌月（休業等終了日の翌日が属する月から4ヵ月目）から適用されます。適用期間は次のとおりです。

改定月	適用期間
1月から6月に改定したとき	その年の8月まで適用
7月から12月に改定したとき	翌年の8月まで適用

●産前産後休業・育児休業等終了時改定の特徴（随時改定との違い）

①固定的賃金や給与体系に変更がなくても改定できます。

②3ヵ月間に支払基礎日数が17日未満の月があっても改定できます。ただし、17日以上の月が1ヵ月以上あることが必要で、17日未満の月は計算から除きます。（特定適用事業所等に勤務する短時間労働者の場合は支払基礎日数11日を基準に判断します）

③標準報酬月額の等級の差が1等級でも改定できます。

④被保険者の申出によって改定されます。

3歳未満の子を養育する被保険者等の標準報酬月額の年金計算への特例

　3歳未満の子を養育する被保険者等の標準報酬月額が、子を養育することとなった日の前月（その月が被保険者でない場合は、その月前1年以内の被保険者であった月のうち直近の月）の標準報酬月額を下回る場合は、被保険者の申し出により、その期間は実際の標準報酬月額ではなく、従前の標準報酬月額に基づいて、将来の年金額が計算されます。

　上記経過措置は、産前産後休業期間中の保険料免除を開始したときに終了します。

※平成29年1月1日より、実子及び養子に加え、①特別養子縁組の監護期間にある子、②養子縁組里親に委託されている要保護児童も、育児休業等の対象となりました。

●従前の標準報酬月額への申し出

　事業主経由で「厚生年金保険養育期間標準報酬月額特例申出書」を年金事務所等へ提出します。被保険者資格を喪失した人は、直接年金事務所等に提出します。

　子を養育しなくなったときは、「厚生年金保険養育期間標準報酬月額特例終了届（申出書と同様式）」を提出しますが、子が3歳に到達した、退職した、産前産後休業期間中の保険料免除を開始した、育児休業の保険料免除を開始した場合には、届出は必要ありません。

例 産休・育休等を終了した日以降の報酬が変動したとき ➡ 1等級の変動でも届出ができます

産休・育休等終了後の標準報酬月額は、固定的賃金の変動にかかわらず、従前と1等級でも差が生じた場合、被保険者の申出により改定します。産休・育休等が終了する日の翌日の属する月から3ヵ月間に受けた報酬の総額を3で割った額をもとにし、3ヵ月間のうち支払基礎日数が17日（9頁２に該当する特定適用事業所等の短時間労働者は11日）未満の月は除いて計算します。

従前の標準報酬月額 ➡ 健保220,000円、厚年220,000円

※9頁２以外のパートタイマー（短時間就労者）の場合は、支払基礎日数の特例が適用されます（30頁参照）。

月	支払基礎日数	基本給	合計
9月	6 日	55,800 円	55,800 円
10月	30 日	204,600 円	204,600 円
11月	31 日	204,600 円	204,600 円
		総計	465,000 円

対象としない

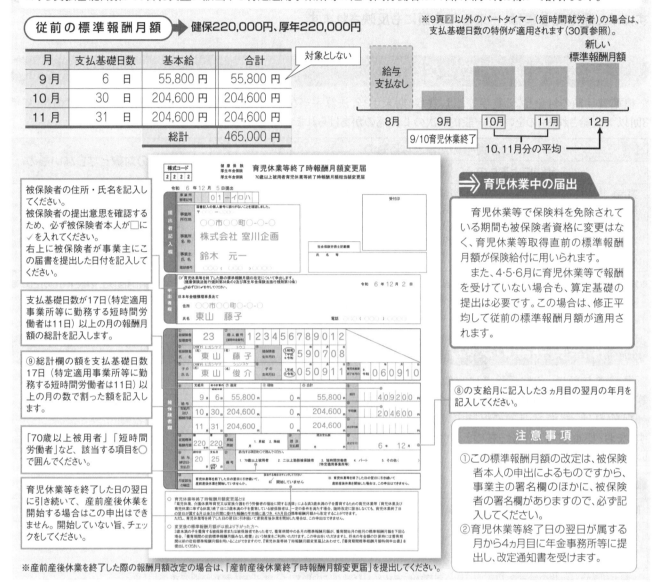

被保険者の住所・氏名を記入してください。
被保険者の提出意思を確認するため、必ず被保険者本人が□に✓を入れてください。
右上に被保険者が事業主にこの届書を提出した日付を記入してください。

支払基礎日数が17日（特定適用事業所等に勤務する短時間労働者は11日）以上の月の報酬月額の総計を記入します。

⑨総計欄の額を支払基礎日数17日（特定適用事業所等に勤務する短時間労働者は11日）以上の月の数で割った額を記入します。

「70歳以上被用者」「短時間労働者」など、該当する項目を○で囲んでください。

育児休業等を終了した日の翌日に引き続いて、産前産後休業を開始する場合はこの申出はできません。開始していない旨、チェックをしてください。

➡ 育児休業中の届出

育児休業等で保険料を免除されている期間も被保険者資格に変更はなく、育児休業等取得直前の標準報酬月額が保険給付に用いられます。
また、4・5・6月に育児休業等で報酬を受けていない場合も、算定基礎の提出は必要です。この場合は、修正平均して従前の標準報酬月額が適用されます。

⑧の支給月に記入した3ヵ月目の翌月の年月を記入してください。

注意事項

①この標準報酬月額の改定は、被保険者本人の申出によるものですから、事業主の署名欄のほかに、被保険者の署名欄がありますので、必ず記入してください。
②育児休業等終了日の翌日が属する月から4ヵ月目に年金事務所等に提出し、改定通知書を受けます。

※産前産後休業を終了した際の報酬月額改定の場合は、「産前産後休業終了時報酬月額変更届」を提出してください。

■ 厚生年金保険　養育期間標準報酬月額特例申出書の記入例

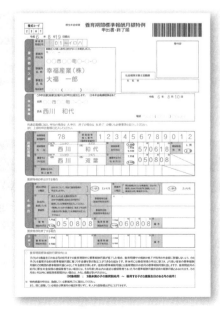

※左記申出書を提出する場合は、子の生年月日及び子と申出者との身分関係を明らかにすることができるもの（戸籍抄本など）、申出者と子が同居していることを確認できる書類（住民票など）を添付する必要があります。
※監護期間中の子は家庭裁判所が交付する証明書、要保護児童については児童相談所の発行する書類の添付が必要です。

標準賞与額と賞与支払届

　事業主は、賞与を支給したとき、「賞与支払届」を提出しなければなりません。この届出にもとづき、標準賞与額が決定され、毎月の保険料と同率の保険料を事業主と被保険者が折半して納付することになります。また、標準賞与額は、将来の年金額にも反映されます。

標準賞与額の対象となるもの

　標準賞与額の対象となる賞与等とは、賞与、期末手当、決算手当など、その名称を問わず、労働者が労働の対償として年3回以下支給されるものをいい、一般的に次のようなものがあげられます。

賞与の対象となるもの		賞与の対象とならないもの
金銭によるもの	現物によるもの	
賞与、ボーナス、期末手当、決算手当、夏期手当、冬期手当、繁忙手当、年末一時金、期末一時金など賞与性のもの（年に3回以下支給されるもの）、その他定期的に支給されるものでなくとも一時的に支給されるもの	賞与等として自社製品など金銭以外で支給されるもの（金銭に換算）	年4回以上支給される賞与等（この場合は、標準報酬月額の対象になります） 結婚祝金や大入袋など、労働の対償とならないもの

※給与規程によりボーナスを分割して毎月支給する場合については、毎月支給される通常の報酬には含めず、「賞与に係る報酬」（年間を通じ4回以上支給されるもの）として取り扱うこととされます。この場合に、保険料算定に係る報酬額の算定にあたっては、1年間のボーナスの支給総額を12で除した額を報酬額とします。

標準賞与額の決め方

　標準賞与額は、各被保険者に支給される実際の賞与等額から1,000円未満の端数を切り捨てた額をいいます。
　保険料は、標準賞与額に保険料率を乗じて計算します。なお、標準賞与額には、右のとおり上限が設定されています。

■標準賞与額の上限

健康保険	年度（4月～翌年3月）累計で573万円
厚生年金保険	1ヵ月あたり（同一月に2回以上支払われたときは合算して）150万円

■賞与支払届の留意事項

同月内に2回以上の支払い	合算した額で賞与支払届を提出します
70歳以上の被用者への支払い	賞与支払届の「⑧1.70歳以上被用者」を○で囲み、⑦に個人番号を記入してください
上限を超えた場合	賞与支払届には実際の賞与額（1,000円未満は切り捨て）を記入します
上限を超えた月以降の賞与支払届	同一年度内に支払われた賞与については、賞与支払届が必要です
資格喪失月の賞与の支払い	資格喪失の前日までに支払われた賞与については、賞与支払届が必要です
育児休業等期間中の支払い	保険料の対象とはなりませんが、年度累計の対象となるため、賞与支払届が必要です
同一年度内の転職・転勤等の場合	○標準賞与額の累計は、保険者単位で算出するため、全国健康保険協会から健康保険組合へ転職した場合などは、累計は行われません。 ○同一保険者内で年度内の転職・転勤等があった場合は、上限額（573万円）を超えるたびに「健康保険標準賞与額累計申出書」の提出が必要です。同一事業所で累計額が上限を超えた場合は自動的に計算されます。

賞与支払届の提出

　事業主は、「被保険者賞与支払届」に被保険者ごとの標準賞与額を記入して、支給日から5日（船員は10日）以内に提出します。
　あらかじめ賞与支払予定月を登録してある事業所には支払予定月の前月までに、被保険者氏名等が印字された届出書（またはCD等）が送付されます。
　なお、賞与支払予定月に、賞与の支払いがなかった場合は、「賞与不支給報告書」を提出する必要があります。賞与支払予定月の翌月になっても届出がない事業主には、予定月の翌々月に催告状が送付されますのでご注意ください。

■賞与支払届の記入例

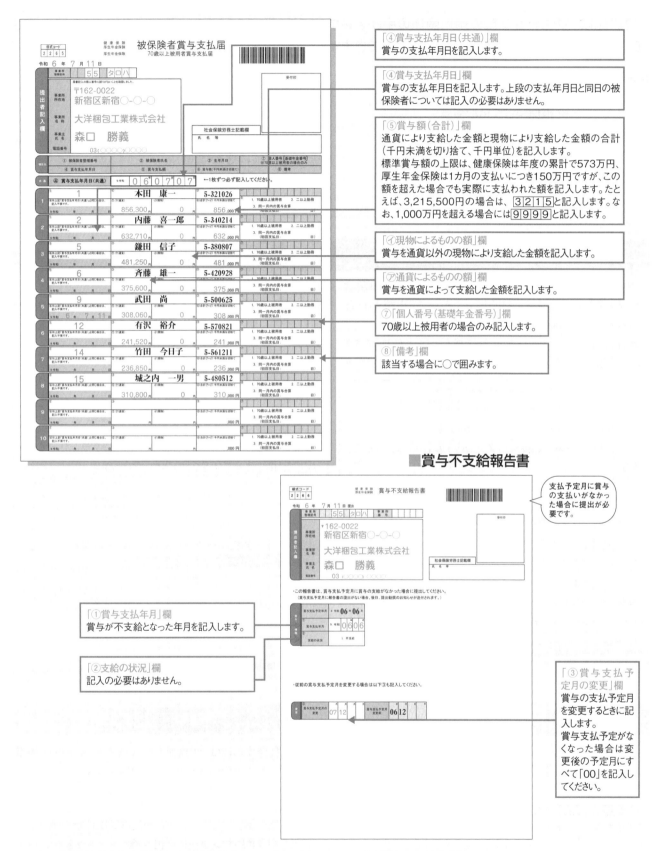

「④賞与支払年月日（共通）」欄
賞与の支払年月日を記入します。

「④賞与支払年月日」欄
賞与の支払年月日を記入します。上段の支払年月日と同日の被保険者については記入の必要はありません。

「⑤賞与額（合計）」欄
通貨により支給した金額と現物により支給した金額の合計（千円未満を切り捨て、千円単位）を記入します。標準賞与額の上限は、健康保険は年度の累計で573万円、厚生年金保険は1カ月の支払いにつき150万円ですが、この額を超えた場合でも実際に支払われた額を記入します。たとえば、3,215,500円の場合は、３２１５と記入します。なお、1,000万円を超える場合には９９９９と記入します。

「④現物によるものの額」欄
賞与を通貨以外の現物により支給した金額を記入します。

「⑦通貨によるものの額」欄
賞与を通貨によって支給した金額を記入します。

⑦「個人番号（基礎年金番号）」欄
70歳以上被用者の場合のみ記入します。

⑧「備考」欄
該当する場合に○で囲みます。

■賞与不支給報告書

支払予定月に賞与の支払いがなかった場合に提出が必要です。

「①賞与支払年月」欄
賞与が不支給となった年月を記入します。

「②支給の状況」欄
記入の必要はありません。

「③賞与支払予定月の変更」欄
賞与の支払予定月を変更するときに記入します。賞与支払予定がなくなった場合は変更後の予定月にすべて「00」を記入してください。

※令和3年4月1日より総括表は廃止され、提出が不要になりました。賞与の支払いがなかった場合「賞与不支給報告書」を提出します。

提出時期 賞与を支給した日から5日（船員は10日）以内

提出先 郵送で事務センター（事業所の所在地を管轄する年金事務所）または健康保険組合

電子申請・電子媒体による届出

健康保険・厚生年金保険の適用関係の手続きについては、従来の用紙による提出のほか、電子申請やCD・DVDなどの電子媒体を利用した提出ができます。

●電子申請・電子媒体による届出が可能な届書

- ●被保険者資格取得届
- ●被保険者 報酬月額算定基礎届
- ●被保険者 賞与支払届
- ●国民年金 第3号被保険者関係届
- ●被保険者資格喪失届
- ●被保険者 報酬月額変更届
- ●健康保険 被扶養者(異動)届

※e-Gov(直接入力方式)では、社会保険のその他の手続きのほか、雇用保険、労働保険などの手続きにも対応しています。

電子申請による届出

電子申請では、パソコン・インターネットを利用して申請書の作成・送信を行います。24時間どこからでも申請が可能で、時間・コストの削減が期待できます。

電子申請の方法は、日本年金機構の「届書作成プログラム」を利用した方法や「e-Gov」を利用した方法などがあります。

電子申請には、「GビズID」のアカウント(無料)または認証局が発行する電子証明書(有料)による認証が必要となります。

届書作成プログラム

日本年金機構のホームページから無料でダウンロードできるプログラム。届書データ(CSV)の作成・送信ができる。

e-Gov

総務省が運営する総合的な行政ポータルサイト。届書の入力・申請ができるほか、届書作成プログラムなどで作成した届書データ(CSV)の送付ができる。

特定の法人の電子申請が義務化されています

2020年4月より、特定の法人の事業者が社会保険・労働保険に関する一部の手続きを行う場合、電子申請で行うことが義務づけられています。また、2020年11月からは健保組合への電子申請も義務化されました。

「特定の法人」とは
- ●資本金、出資金または銀行等保有株式取得機構に納付する拠出金の額が1億円を超える法人
- ●相互会社　●投資法人　●特定目的会社

電子申請が義務化された主な手続き
- ●被保険者 報酬月額算定基礎届　●被保険者 報酬月額変更届　●被保険者 賞与支払届

GビズIDの登録方法

「GビズID」は、1つのID・パスワードで様々な行政サービスにログインできる事業者向けの認証サービスです。ID・パスワードを取得するには、印鑑証明書(個人事業主は印鑑登録証明書)と登録申請書を送付して申請します。

1 事前に印鑑証明書(個人事業主は印鑑登録証明書)を取得する。

2 GビズIDのホームページを開き、「GビズIDを作成」の[gBizIDプライムを書類郵送申請する]をクリックする。

3 [申請を始める]をクリックして申請書を作成・印刷し、手書き事項を記入・押印する。

4 作成した申請書と印鑑証明書(または印鑑登録証明書)をGビズID運用センターに送付する。

5 申請に不備がなければ、1週間程度で審査完了メールが届くので、SMSでの本人確認を行い、GビズIDアカウントのパスワードを設定する。(登録完了)

※個人事業主でマイナンバーを持っている場合はオンライン申請も可能です。

届書作成プログラムを利用した電子申請

日本年金機構ホームページから無料でダウンロードできる届書作成プログラムを利用して、CSV形式の届書を作成することができます。作成した届書はプログラムで直接送信することができ、また、e-Govやマイナポータルを利用して送信することもできます。

●届書作成プログラムを利用した電子申請の流れ

❶GビズIDのID・パスワードを取得する

事前に認証のためのGビズIDのID・パスワードを取得する。登録方法は左ページ参照。

↓

❷届書作成プログラムのダウンロード

日本年金機構のホームページから届書作成プログラムをダウンロードする。

↓

❸届書の作成

届書作成プログラムの[届書を編集する]から、被保険者情報を入力し、届書の内容を入力して電子申請用ファイルを作成する。

↓

❹届書の申請

届書作成プログラムの[届書の申請・申請状況の照会]から、申請者・申請先等の情報を入力し、申請するファイルを選択して申請する。GビズIDのID・パスワードを入力して認証ができたら申請完了。

e-Govを利用した電子申請

e-Gov電子申請アプリケーションで申請書を作成し、申請することができます。また、日本年金機構の届書作成プログラムや自社システム、市販の労務管理ソフトで作成した届書データ（CSV形式）をe-Govで送付して申請することもできます。

●e-Govを利用した申請の流れ（直接入力方式）

❶GビズIDのID・パスワードを取得する

事前に認証のためのGビズIDのID・パスワードを取得する。登録方法は左ページ参照。

↓

❷e-Gov電子申請アプリケーションをインストールする

e-Govホームページからe-Gov電子申請アプリケーションをダウンロードし、インストールする。アプリケーションを起動してログインすると、マイページにアクセスできる。

↓

❸申請書の入力・申請

マイページから申請する手続きを選択して、入力画面で必要事項を入力し、提出ボタンをクリックする。

※申請時に電子署名が必要な場合があります。電子署名には認定局より発行された電子証明書が必要となります。

↓

❹処理状況の確認

申請した手続きの事務処理状況は、マイページから確認できる。提出先機関からの通知等もマイページ上へ通知される。

↓

❺公文書取得

申請が受理されると公文書が発出されるので、マイページからファイルをダウンロードする。公文書を取得して手続き完了。

※手続きによっては、公文書発出が行われないものもあります。

電子媒体に（CD・DVD）よる届出

事業主の社会保険に関する届出のうち、大量または定期的に届出が必要な届書についてCDまたはDVDによる届出を行うことができます。届書作成プログラムを日本年金機構のホームページからダウンロード（無償）した後、手順に従って提出用電子媒体を作成し、総括票を添付して提出します。

電子申請・電子媒体申請に関する参照先・問い合わせ先

●日本年金機構ホームページ **https://www.nenkin.go.jp/denshibenri/index.html**
電子申請・電子媒体申請についての詳しい解説、届書作成プログラムのダウンロード

●日本年金機構 ねんきん加入者ダイヤル（電子申請・電子媒体申請照会窓口）
0570-007-123 ※050から始まる電話からかける場合 03-6837-2913
〈受付時間〉月～金曜日 8:30～19:00 第2土曜日 9:30～16:00（祝日、年末年始を除く）

●GビズID
ホームページ https://gbiz-id.go.jp
ヘルプデスク 0570-023-797 〈受付時間〉9:00～17:00（土日祝日、年末年始を除く）

●e-Gov 電子申請
ホームページ https://shinsei.e-gov.go.jp

保険料

　健康保険・厚生年金保険の給付や事業を行うため、各事業所の事業主は、給与支払月については標準報酬月額にもとづく健康保険と厚生年金保険の保険料を、賞与等支払月については標準賞与額にもとづく同保険料を合算して支払う義務を負っています。

保険料の納付は月単位

　保険料は、被保険者の資格を取得した月から、その資格を喪失した月の前月までの分について月単位で納めます。加入した日が月の途中であってもその月分から保険料が徴収されます。月の途中で資格喪失した場合は、最終の月分の保険料の納付は必要ありません。

　賞与の保険料は、資格取得月（資格取得日前を除きます）から保険料徴収の対象となり、退職月（月末退職を除きます）の賞与は対象となりません。

保険料、算定・徴収

| 4月 | 5月 | 6月 | 7月 | 〜 | 11月 | 12月 |

▲被保険者の資格取得　　　　　　　　　　　　　　▲被保険者の資格喪失

※資格を喪失した月とは、退職等した日の翌日の属する月です。月末退職の場合は、退職月の保険料を納めます。

毎月の保険料の控除方法

　保険料は、事業主負担分と被保険者負担分を合わせて、事業主が翌月末日までに納付する義務を負います。70歳以上の人については厚生年金保険の被保険者とならないため、健康保険分のみ納付します。また、75歳以上の人は健康保険の被保険者とならないため、保険料納付は不要です。

　事業主は、被保険者の当月分の給与から前月分の被保険者負担分の保険料を控除することになっています。さかのぼって数ヵ月分を控除することはできません。ただし、被保険者が月末に退職した場合は、当月分の保険料が徴収されるため、合わせて2ヵ月分を控除することができます。

■退職月の扱い

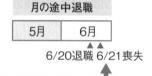

月の途中退職

| 5月 | 6月 |

6/20退職 6/21喪失

保険料は、喪失日の属する月の前月（5月）分まで計算。この場合、6月の報酬からは5月分の保険料のみを控除。

月末退職

| 5月 | 6月 | 7月 |

6/30退職 7/1喪失

保険料は、喪失日の属する月の前月（6月）分まで計算。この場合、6月の報酬から5月分と6月分の保険料を控除できます。

賞与にかかる保険料

　賞与にかかる保険料は、資格取得月（資格取得日前を除きます）以降に支給された賞与から保険料の対象となり、資格を喪失した月の賞与は対象となりません。

　賞与に対する保険料額は、被保険者一人ひとりについて標準賞与額（1,000円未満切り捨て）に直接、保険料率を乗じて算出します。

　賞与にかかる保険料は、毎月の保険料とあわせて納付します。

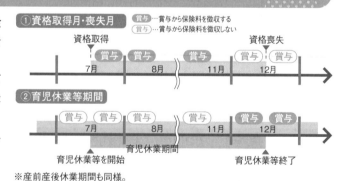

①資格取得月・喪失月

賞与…賞与から保険料を徴収する
賞与…賞与から保険料を徴収しない

②育児休業等期間

※産前産後休業期間も同様。

保険料の納付

　保険料の納付は、翌月下旬頃に年金事務所等から送付される「納入告知書」によってその月の末日までに金融機関を経由して納付します。事業所の取引金融機関の預金口座から自動的に引き落とされる自動払いは便利な方法です。

　保険料を納期限までに納付しない場合は、納期限を指定した督促状が送られてきます。督促状の期限までに納めれば延滞金はかかりませんが、納期限までに納めない場合は、本来の納期限の翌日から延滞金がかかってしまいます。

保険料率・保険料額

保険料額 ＝ 標準報酬月額 × 保険料率

- 40歳以上65歳未満の被保険者は、一般保険料率に介護保険料率を上乗せ
- 被保険者と事業主が折半して納付
- 事業主は別途子ども・子育て拠出金を負担

■保険料額の計算例（標準報酬月額300,000円の被保険者の場合）

（保険料率は、令和6年4月現在）

	健康保険	介護保険	厚生年金保険	子ども・子育て	合計
保険料率	$\frac{100.0}{1000}$（全国平均）	$\frac{16.0}{1000}$	$\frac{183}{1000}$	$\frac{3.6}{1000}$	
事業主負担分	15,000円	2,400円	27,450円	1,080円	45,930円
被保険者負担分	15,000円	2,400円	27,450円	－	44,850円
合計	30,000円	4,800円	54,900円	1,080円	90,780円

＊協会けんぽの一般保険料率は、全国平均（100.0/1000）で算出しました。
＊令和6年度の介護保険料率は、16.0/1000に引き下げられました。

全国健康保険協会管掌の健康保険料率（①＋②）

① 一般保険料率：93.5〜104.2/1000 ─ 都道府県ごとに異なります
　（基本保険料率59.3〜70.0/1000
　＋特定保険料率34.2/1000）
② 介護保険料率：16.0/1000

※1 健康保険の一般保険料率は、1000分の30から130の範囲内で決定され、「基本保険料率」（保険給付や保健事業に充てるもの）と「特定保険料率」（後期高齢者支援金等に充てるもの）に区分されています。

※2 協会けんぽの保険料率は、都道府県ごとに地域の医療費やインセンティブ制度等を反映した保険料率が設定されています。

厚生年金保険の保険料率（一般厚年被保険者）

一般・坑内員・船員：183/1000

■健康保険の都道府県単位保険料率　一般保険料率（基本保険料率＋特定保険料率）

（単位:1000分の1）

北海道	102.1	栃木	97.9	石川	99.4	滋賀	98.9	岡山	100.2	佐賀	104.2
青森	94.9	群馬	98.1	福井	100.7	京都	101.3	広島	99.5	長崎	101.7
岩手	96.3	埼玉	97.8	山梨	99.4	大阪	103.4	山口	102.0	熊本	103.0
宮城	100.1	千葉	97.7	長野	95.5	兵庫	101.8	徳島	101.9	大分	102.5
秋田	98.5	東京	99.8	岐阜	99.1	奈良	102.2	香川	103.3	宮崎	98.5
山形	98.4	神奈川	100.2	静岡	98.5	和歌山	100.0	愛媛	100.3	鹿児島	101.3
福島	95.9	新潟	93.5	愛知	100.2	鳥取	96.8	高知	98.9	沖縄	95.2
茨城	96.6	富山	96.2	三重	99.4	島根	99.2	福岡	103.5		

※上表の一般保険料率のうち、特定保険料率は全国一律34.2/1000。

●健康保険任意継続被保険者の保険料納付

① 　月々の保険料を納付書で納付する場合、納付期限は、毎月10日（10日が土日・祝日の場合は翌営業日）と決められており、期限までに納付されない場合は、その翌日に資格を喪失します。なお、初回の保険料を期限まで　に納付されなかった場合は、任意継続被保険者とならなかったものとみなされます。

② 　保険料は前納することができ、その場合は割引されます。

健康保険組合の保険料率

健康保険組合の一般健康保険料率は、1000分の30〜130の範囲内で、組合の実情に応じて規約で決められます。介護保険料率は一般保険料率に上乗せして徴収されますが、保険料率の上限枠とは別に設定することができます。

厚生年金保険の保険料率

厚生年金保険の保険料率は、平成27年10月の被用者年金一元化法の施行により、公務員及び私学教職員も厚生年金保険に加入しています。共済組合の保険料率は段階的に引き上げられ、最終的には厚生年金の保険料率（183/1000）に統一されます。

（単位:1000分の1）

年月	第1号		第2号　※1（国家公務員）	第3号　※1（地方公務員）	第4号　※2（私学教職員）
	厚生年金基金に加入していない	厚生年金基金に加入している			
令和 5年 4月	183.00	133.00〜159.00	183.00	183.00	171.86
令和 6年 4月	183.00	133.00〜159.00	183.00	183.00	175.40

※1 第2号・第3号の厚生年金保険料率は、平成30年9月から183/1000に統一されています。
※2 第4号の厚生年金保険料率は、平成27年10月から適用され、以降毎年4月に3.54/1000ずつ引き上げられ、令和9年4月から183/1000に統一されます。

厚生年金基金の保険料率

厚生年金基金の加入員は、老齢厚生年金の代行部分に必要な費用を掛金として厚生年金基金に納めるため、その分減額免除された保険料を国（厚生年金保険）に納めています。免除される保険料率は基金によって異なるため、国に納める保険料の料率も異なります。免除される保険料率を「免除保険料率」といい、1000分の24〜50の範囲で厚生労働大臣が定めることとなっています。

子ども・子育て拠出金

厚生年金保険の適用事業所の事業主は、児童手当の支給に要する費用の一部を、子ども・子育て拠出金として拠出することになっています。拠出金は、厚生年金保険の被保険者（産前産後休業、育児休業により保険料を徴収されない被保険者を除く）の標準報酬月額および標準賞与額に一定率（令和6年度は1000分の3.6）を乗じて得た額を、事業主の全額負担で、保険料と一緒に納めます。

産前産後休業・育児休業等期間中の保険料免除

● 産前産後休業期間中の保険料免除

出産による産前産後休業期間中（出産の日以前42日（多胎妊娠は98日）、出産の日後56日のうち、妊娠または出産を理由として労務に従事しなかった期間）については、健康保険・厚生年金保険料は、事業主の申出により、被保険者・事業主分とも免除されます。

事業主は、被保険者から申出があった場合は、産前産後休業期間中に「産前産後休業取得者申出書」を年金事務所等に提出してください。休業開始日の属する月から休業終了日の翌日が属する月の前月まで保険料は徴収されません。

● 育児休業等期間中の保険料免除

育児・介護休業法に基づく育児休業制度を利用して3歳未満の子を養育する被保険者から育児休業等の取得の申出があったときは、事業主は、「育児休業等取得者申出書」を年金事務所等に提出することで、その間の被保険者・事業主分の保険料が免除されます。

育児休業中の保険料免除期間と産前産後休業の保険料免除期間が重複する場合は、産前産後休業期間中の保険料免除が優先されます。

免除期間中も、被保険者資格に変更はなく、算定基礎届は報酬の支払いがない場合も提出が必要です。

保険料免除期間

休業開始日の属する月から、休業終了日の翌日の属する月の前月まで

● 1ヵ月以下の短期間の育児休業等の場合

その月中に2週間以上の育児休業等を取得した場合にも保険料が免除されます

● 育児休業中の賞与保険料の免除

賞与保険料も上記の期間免除されますが、免除されるのは1ヵ月を超えて育児休業等を取得した場合のみです。

具体例

育児休業開始日が令和6年8月4日、育児休業終了日が令和7年5月31日の場合

保険料免除期間

育児休業開始日の属する月（令和6年8月）から育児休業終了日の翌日（令和7年6月1日）の属する月の前月（令和7年5月）まで

■産前産後休業取得者申出書、育児休業等取得者申出書の記入例

育児休業等取得者の申出は、「1歳未満の子を養育するための育児休業」、「保育所待機等特別な事情がある場合の1歳6ヵ月に達するまでの育児休業」、「保育所待機等特別な事情がある場合の2歳に達するまでの育児休業」、「1歳から3歳に達するまでの子を養育するための育児休業に準ずる休業」の各休業期間において、それぞれ申出が必要となります。

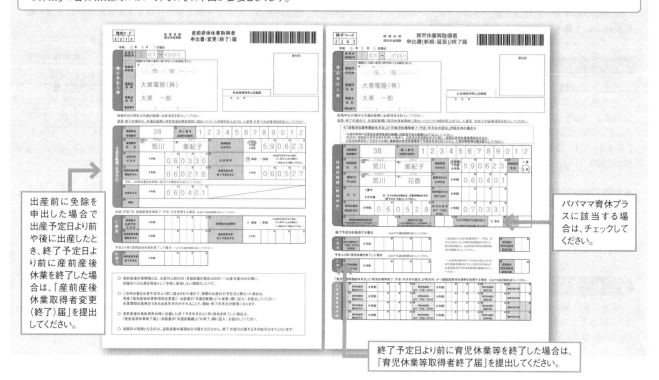

出産前に免除を申出した場合で出産予定日より前や後に出産したとき、終了予定日より前に産前産後休業を終了した場合は、「産前産後休業取得者変更（終了）届」を提出してください。

パパママ育休プラスに該当する場合は、チェックしてください。

終了予定日より前に育児休業等を終了した場合は、「育児休業等取得者終了届」を提出してください。

③ 健康保険の給付

医療費のしくみ

　健康保険は、全国健康保険協会や健康保険組合等が保険者となり、加入事業主と被保険者が保険料を負担して運営が行われています。保険者は、被保険者とその被扶養者の病気やケガ、出産、死亡などのときに必要な医療や現金を支給します。

　被保険者・被扶養者が保険医療機関である病院や診療所で必要な医療を受けたときは、保険医療機関が保険者にかわって療養の給付等を行い、その費用を月ごとに保険者に請求します。請求は、社会保険診療報酬支払基金等を経由して行います。

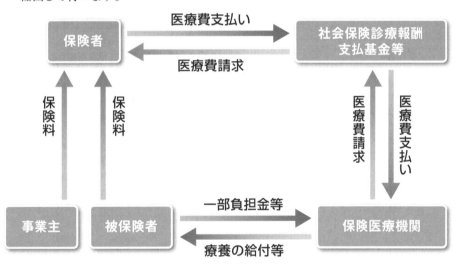

現物給付と現金給付

保険給付を行う方法には、現物給付と現金給付の2種類があります。

現物給付	現金給付
療養の給付等、入院時食事療養費、入院時生活療養費、保険外併用療養費、訪問看護療養費、家族療養費、家族訪問看護療養費、（高額療養費［限度額適用認定証提示時等］）（家族）出産育児一時金［直接支払制度・受取代理制度利用時］	療養費、家族療養費、移送費、家族移送費、高額療養費、高額医療・高額介護合算療養費、傷病手当金、出産育児一時金、家族出産育児一時金、出産手当金、埋葬料（費）、家族埋葬料

申請書・届出書などの申請用紙は、協会けんぽホームページからダウンロードができます。

　また申請書にPC画面上で入力できるサービスを開始しています。協会けんぽでは、平成29年1月から各種申請書にマイナンバー欄の追加を行い、同年7月からは、他の医療保険者や行政機関等との情報連携を順次開始しています。なお、被保険者の方は、保険証の記号・番号を記入した場合には、マイナンバーの記入は不要です。

療養の給付

　健康保険の被保険者や被扶養者（家族）が病気やケガをしたときは、健康保険被保険者証を提示し、一部負担金を支払って、必要な医療（診察・投薬・処置・手術・入院など）を受けることができます。これを療養の給付（被扶養者は家族療養費として支給されます）といいます。

健康保険被保険者証を提示

●保険医療機関の窓口に被保険者証を提示

　被保険者や被扶養者が療養の給付を受けるときは、健康保険を扱っている病院・診療所（保険医療機関）、薬局（保険薬局）に健康保険被保険者証（またはマイナ保険証）を提示します。

●高齢受給者は高齢受給者証も併せて提示

　70歳以上75歳未満の高齢受給者（後期高齢者医療制度の被保険者になる人を除く）は、被保険者証とともに高齢受給者証をあわせて提示します。

※マイナ保険証を利用する場合は不要。

一部負担金

　保険医療機関で療養の給付を受けたときや保険薬局で薬の調剤を受けたときなどは、医療費の3割（年齢や収入により2割〜3割）を一部負担金として支払います。

■一部負担金の割合

義務教育就学前		2割負担
義務教育就学以後70歳未満		3割負担
70歳以上75歳未満 （後期高齢者医療の 対象者を除く）	一般	2割負担
	現役並み所得者	3割負担

現役並み所得者とは

　現役並み所得者とは、70歳以上75歳未満の高齢受給者のうち、標準報酬月額28万円以上の被保険者とその被扶養者です。（被保険者が70歳未満の場合は、その高齢受給者である被扶養者は現役並み所得者とはなりません。）

　ただし、高齢受給者の被保険者・被扶養者の年収合計額＊が520万円（高齢受給者である被扶養者がいない場合は383万円）未満であるときは、申請により「一般」に区分されます。

＊被扶養者が後期高齢者医療制度の被保険者となったときでも、被扶養者であった人の年収と併せて計算できます。

健康保険の給付が受けられないもの

●労災保険の業務災害や通勤災害による病気やケガ
　労災保険から給付が受けられるときは健康保険の給付は行われません。

●病気とみなされないもの
　単なる疲労、美容を目的とする整形手術、近視の手術、正常な妊娠・出産などの場合は、病気とみなされず、健康保険による診療は受けられません。また、定期健康診断や予防注射、経済上の理由による妊娠中絶は、健康保険で診療を受けることはできません。

●故意に起こした事故や不正行為による給付
　故意に事故を起こしたときや、不正な行為で給付を受けようとした場合には、健康保険による診療を受けることはできません。

健康保険の給付が受けられる例外

●通勤の途中で下車したり通勤経路や手段を変更したときに起きた事故の場合

●疲労が続いて病気の疑いがもたれるもの

●日常生活や仕事に支障のある場合（美容整形等）

●治療が可能で治療を要する症状がある場合（しみ・そばかす・あざ・ほくろ等）

●はしか、百日咳、破傷風、狂犬病で感染のおそれのある場合の予防接種

●健康診断などの結果、治療が必要とされた場合の治療

●妊娠中毒症や異常分娩等の治療

●母体保護法にもとづく人工妊娠中絶手術

入院時食事療養費・入院時生活療養費

　被保険者や被扶養者が入院をするときは療養の給付とあわせて入院時食事療養費が、また、65歳以上の被保険者・被扶養者が療養病床に入院するときは入院時生活療養費が、それぞれ現物で支給されます（被扶養者には家族療養費として支給されます）。

入院時食事療養費

●入院時の食費のしくみ

　被保険者や被扶養者が入院をするときは、療養の給付とあわせて食事の給付が受けられます。食事の費用は、被保険者や被扶養者が支払う食事療養標準負担額と、健康保険から現物で支給される入院時食事療養費（被扶養者には家族療養費）でまかなわれます。

●患者は食事療養標準負担額を支払う

　食事療養標準負担額は、厚生労働大臣によって平均的な家計における食費の状況を勘案して定められています。一般の被保険者については、1食あたり460円の負担となります。また負担は1日3食を限度とします。

　なお、市区町村民税非課税等の低所得者の場合は、申請により減額されます。この減額を受けるために提出するのが、「健康保険限度額適用・標準負担額減額認定申請書」（55頁参照）です。なお、特別メニューを希望したときは、その分の追加料金を自費負担します。また、食事療養標準負担額は、高額療養費の自己負担額（52頁参照）には含まれません。

■食事療養標準負担額（1食あたり）

(平成30年4月〜)

区　分	標準負担額
一般	460円
低所得者	210円
低所得者で1年間の入院日数が90日を超えたとき（長期入院該当者）	160円
低所得者で所得が一定基準に満たない高齢受給者	100円

※1 指定難病患者、小児慢性特定疾病患者については、負担額は「260円」。
※2 入院日数は、他の保険者等の入院日数を合わせて計算できます。

入院時生活療養費

●65歳以上の療養病床入院時の食費・居住費

　65歳以上の被保険者・被扶養者が療養病床に入院するときは、食事・居住費について生活療養標準負担額を負担し、残りが健康保険から入院時生活療養費として現物で支給されます。

●患者は生活療養標準負担額を支払う

　生活療養標準負担額は、厚生労働大臣によって平均的な家計における食費および光熱水費の状況を勘案して定められています。

　なお、市区町村民税非課税等の低所得者や難病等で入院の必要性が高い人等の場合は、申請により減額されます。この減額を受けるための申請は、食事療養標準負担額の減額申請と同様です。また、生活療養標準負担額は、高額療養費の自己負担額（52頁参照）には含まれません。

■生活療養標準負担額

区分		食費	居住費
課税世帯	医療区分I・II・III	460円(420円)*	370円
	難病患者等	260円	0円
低所得者II		210円	370円
低所得者I		130円	370円

＊ 管理栄養士等を配置していない保険医療機関に入院している場合は420円です。

＊　　　＊　　　＊

入院時の自己負担

一部負担金	食事療養標準負担額（生活療養標準負担額）
健康保険（療養の給付等）	入院時食事療養費（入院時生活療養費）

← 患者負担（自己負担）
入院したときは療養の給付等にかかる一部負担金と食事（生活）療養標準負担額を支払います。

保険外併用療養費

　本来、健康保険で認められない治療は、費用を全額負担することになりますが、「評価療養」と「選定療養」については、保険診療との併用が認められています（保険外併用療養費）。平成28年4月より、先進医療を迅速に受けられるよう「患者申出療養」が新たな仕組みとして規定されています。

保険外併用療養費の給付と負担

●保険外併用療養費が支給されるとき

　被保険者や被扶養者が以下の療養を受けたときは、保険診療との併用が認められます。

評 価 療 養…　先進医療など、将来的に保険給付の対象として導入するかどうかについて評価することが必要だと厚生労働大臣が定めるもの

患者申出療養…　国内未承認医薬品等を用いた療養を受けようとする患者（平成28年4月追加）　の申出に基づき、評価することが必要だと厚生労働大臣が定めるもの

選 定 療 養…　特別な病室を希望したときなど、患者の快適性・利便性に関わるものや制限回数を超える医療行為など、厚生労働大臣が定めるもの。将来の保険導入は前提としない

　通常の治療と共通する部分（診察・検査・投薬・入院等）は一般の保険診療と同様に扱われ、患者は一部負担金を支払い、残りの額は保険外併用療養費（被扶養者は家族療養費）として現物給付が行われます。保険外の特別料金は患者が自費で支払います。

←特別な医療→	←一般の保険診療と共通する部分→	
保険の範囲外	保険の範囲内	
特別料金 （全額自己負担）	（一部負担金）	保険外併用療養費 （健康保険が負担）

※一部負担金については、高額療養費制度（52頁参照）が適用されます。

評価療養と選定療養の主なものと患者の負担

■評価療養

●先進医療

基準に適合する病院や診療所で先進医療を受けたときは診察・検査・投薬・入院等の基礎部分の一部負担金と先進医療部分を負担します。

●医薬品・医療機器の治験にかかる診療

新薬などの治験（臨床試験）を希望したときは、検査・画像診断・治験と関連する投薬・注射等の費用を負担します。医師の主導で治験が行われたときは、検査・画像診断等については保険が適用されます。

●薬価基準収載前の承認医薬品の投与

薬事法上の承認を受けていて、薬価基準へ収載される前の医薬品を使用したときは、特別料金を負担します。

●保険適用前の承認医療機器の使用

薬事法上の承認を受けていて、保険が適用される前の医療機器を使用したときは、特別料金を負担します。

●医薬品・医療機器の適応外使用

医薬品や医療機器を薬事法上で承認された内容以外で使用したときは、特別料金を負担します。ただし、治験を省略できる一部のものに限ります。

■患者申出療養

　患者申出療養として前例がある医療は原則2週間、前例がない医療は原則6週間程度で先進的な医療をうけることができます。

■選定療養

●特別の療養環境の提供

特別な病室（一定の条件を満たすもの）への入院を希望したときは、特別料金（差額ベッド代）を負担します。

●予約診療・時間外診療

診療について予約をしたときや医療機関が定める診療時間以外に診療を受けたときは、予約料や特別料金を負担します。

●200床以上の病院の未紹介患者の初診、再診

他の保険医療機関からの紹介状なしに200床以上の病院で初診を受けたときや200床未満の病院へ紹介されたにもかかわらず、再診を受けたときは、特別料金の負担が必要な場合があります。

●大病院等の初診、再診

他の保険医療機関からの紹介状なしに特定機能病院や200床以上の地域医療支援病院・紹介受診重点医療機関で初診を受けたときや、他の医療機関への紹介状を交付されたにもかかわらず再診を受けたときは、定額を負担します。

●制限回数を超える医療行為

保険給付の制限回数が設けられている検査やリハビリ等を受けたときは、制限回数を超えた分の費用を負担します。

●180日を超える入院

入院の必要性が低い人が180日を超えて入院しているときは、特別料金を負担します。

●前歯部の材料差額

前歯部（上下各6本）の治療に金合金や白金加金を使用するときは、保険適用材料（金銀パラジウム合金）との差額を負担します。

●金属床総義歯

総義歯に金属床を使用するときは、保険適用材料（熱可塑性樹脂）との差額を負担します。

●小児う蝕の治療後の継続管理

う蝕（虫歯）の少ない13歳未満の小児が、治療後に再発抑制のための継続的な指導を受けたときに費用を負担します。

※医療機関や薬局は、保険外併用療養費の対象となる評価療養や選定療養の内容と費用について、見やすい場所にわかりやすく掲示するとともに、患者にあらかじめ説明し、同意を得ることになっています。

療養費

　健康保険では、保険医療機関で被保険者証を提示して診察を受ける現物給付が原則ですが、やむを得ない事情で現物給付を受けることができないときなどは、かかった医療費の全額を支払い、あとで療養費（被扶養者は家族療養費）として払い戻しを受けることができます。

療養費が支給される場合

●やむを得ず保険医療機関以外で診療を受けた場合
　旅行先での急病やケガで、近くに保険医療機関がなく、やむを得ず保険医療機関でない病院や診療所で診療を受けたとき。

●療養の給付をするのが困難だと認められた場合
　近くに保険医療機関がないときやあっても専門科がちがうとき。天変地変のため利用できないとき。
　また、就職して間もなくで資格取得手続き*中に病気やケガをし、被保険者資格を証明できないとき。

*資格取得手続き中に受診するときは、あらかじめ交付を受けた被保険者資格証明書で療養の給付を受けることもできます。（11頁参照）

●他の保険者へ医療費の返還をしたとき
　協会けんぽの加入期間に、資格がなくなった他の保険者の保険証を使用して診療等を受け、医療費の返還を行ったとき。

●海外で受診した場合（海外療養費）
　海外旅行や出張中の急病やケガで、診療を受けたとき。ただし、業務上の病気やケガを除きます。また、治療を目的として海外に出向いた場合は対象外です。

●治療用装具を作成した場合
　医師の指示により、コルセットや義手、弾性着衣など治療のため必要な装具を購入、装着したときなど。

●輸血を受けた場合
　病院を通して生血を購入して輸血したとき。家族の生血を輸血したときは対象外です。

●はり・きゅう・あんま、マッサージを受けた場合
　はり・きゅう：神経痛やリウマチ等が原因で慢性的な疼痛があるときに、医師による適当な治療手段のないものであり、保険者が必要性を認めたとき。
　マッサージ：医師の同意を受けて、医療機関以外でマッサージ（あんま・指圧）を受けたとき（保険医療機関で受けるマッサージは療養の給付の対象となります）。

> ⇒ **柔道整復師の施術について**
>
> 　骨折や打撲、脱臼等で柔道整復師の施術を受けたときは、柔道整復師会等と保険者が受領委任契約を結んでいる場合には、療養の給付と同様な形で施術を受けられます。ただし、骨折や脱臼の場合で医師の診療を受けているものについては、応急手当を除いて、医師の同意を受けなければなりません。

療養費の額

　保険医療機関で療養の給付を受けた場合を基準に、その額から一部負担金相当額を差し引いた額が支給されます。実際に支払った額がその基準額より少ないときは、支払った額から一部負担相当額（医療費の2～3割）を差し引いた額が払い戻されます。また、入院時は、食事療養や生活療養の標準負担額相当額は差し引かれます。

> ⇒ **海外の医療機関で診療をうけたとき**
>
> 　海外療養費の申請は、「海外療養費支給申請書」に添付書類を付けて、協会けんぽ神奈川支部*に提出してください。各支部にご提出いただいても、神奈川支部に転送され一括して審査等を行います。
> 　外貨で支払われた医療費は、支給決定日の外国為替換算率（売レート）を用いて算出します。
> 　海外療養費の支給は、海外への直接送金はできません。事業主または日本在住のご家族などに受け取りを委任してください。
>
> *海外療養費申請先（協会けんぽの場合）
> 〒220-8538
> 横浜市西区みなとみらい4-6-2
> みなとみらいグランドセントラルタワー9階
> 協会けんぽ神奈川支部
> 海外療養費グループ宛

●保険医療機関で療養の給付を受けた場合の基準額Ⓐ

療養の給付（基準額 Ⓐ×7～8割）	基準額 Ⓐ×3～2割

●実際に支払った額が基準額Ⓐより多かった場合ⓑ

療養費として払い戻し（基準額 Ⓐ×7～8割）	最終的な自己負担額 Ⓐ×3～2割＋α

（α）

●実際に支払った額が基準額Ⓐより少なかった場合Ⓒ

療養費として払い戻し（ Ⓒ×7～8割）	最終的な自己負担額（ Ⓒ×3～2割）

■健康保険 被保険者・家族 療養費支給申請書

療養費の申請は、治療用装具等の場合は「療養費支給申請書（治療用装具）」を、立替払い等の場合は「療養費支給申請書（立替払等）」を、海外で診療を受けたときは「海外療養費支給申請書」をご使用ください。

治療用装具の場合

家族（被扶養者）が治療用装具を作成した場合でも、被保険者の氏名などの情報を記入してください。
記号・番号は、被保険者証に記載されています。

被保険者の氏名を記入してください。生年月日欄は被保険者の生年月日を記入してください。
被保険者が亡くなられて、相続人の方が申請される場合は、申請される方の氏名を記入してください。（住所・振込口座も同様です。）

ゆうちょ銀行の口座を希望される場合は、従来の口座番号（記号・番号（13桁））ではなく、振込専用の店名（漢数字3文字）・口座番号を記入してください。

発症または負傷年月日が不明の場合は、以下の例を参照して記入してください。
●令和6年4月頃に発症または負傷した場合→06年04月00日
●令和6年頃に発症または負傷した場合→06年00月00日

仕事中（業務上）、通勤途中の原因による病気やケガについては、原則労災保険給付の対象となります。

治療用装具等の装着について指示を受けた日を記入してください。

領収書（領収明細書）に記載されている日付と金額を記入してください。

治療用装具を装着した日を記入してください。
※「弾性着衣」および「小児弱視等にかかる眼鏡等」の場合は記入不要です。

提出書類 健康保険 被保険者・家族 療養費支給申請書

提出時期 療養に要した費用を支払った日の翌日から2年以内

添付書類 ①治療用装具…領収書（装具の名称、種類、内訳別の費用額、義肢装具士の氏名、オーダーメイドまたは既製品の別が記載されたもの）。医師が記入・証明した「意見および装具装着証明書」。靴型装具の場合、療養費の支給申請を行う靴型装具の現物写真。弾性着衣等の場合、医療機関等が発行した「弾性着衣等装着指示書」。小児弱視等の治療用眼鏡等の場合、医師の「眼鏡等作成指示書」のコピー（視力等の検査結果が明記されていない場合は検査結果のコピー）。
②立替払等のとき…診療内容を記載した証明書（診療明細書）。診療に要した費用を証明した領収書。
③生血液を輸血したとき…輸血回数が記載された輸血証明書。領収書。
④海外で診療を受けたとき…診療内容明細書（歯科の場合は歯科診療明細書）、領収明細書、領収書（原本）、各添付書類の翻訳文（翻訳者の署名、住所・電話番号を明記）、海外渡航期間がわかる書類（パスポートなどのコピー）、海外での診療等を担当した医療機関等に照会することの同意書。

訪問看護療養費、移送費

居宅で療養している方が療養上の世話を受けるときは訪問看護療養費が現物給付されます。また、移動が困難な患者が医師の指示で移送されたときは移送費が支給されます。

訪問看護療養費

訪問看護療養費は、居宅で療養している方が、かかりつけ医の指示により訪問看護ステーションの看護師等から療養上の世話や診療の補助を受けたときに、その費用が現物給付されるものです。

費用の一部は、基本利用料として患者が負担します。負担割合は、療養の給付等の負担割合に準じます（46頁参照）。負担した基本利用料は、高額療養費の対象となります。交通費やおむつ代、営業時間外や90分を超える訪問看護を希望するときは、特別料金の負担が必要です。

移送費

移送費は、①療養が保険診療として適切であり、②療養の原因である病気やケガにより患者の移動が困難で、③緊急、やむを得ない場合に、医師の指示で移送されたときに支給されるものです。移送費の額は、最も経済的な経路・方法で移送された場合の交通費に基づいて算定される額の範囲内の実費です。

負傷原因届

負傷（ケガ）が原因で給付の申請をする場合、「健康保険負傷原因届」による届出が必要な場合があります。疾病・負傷（ケガ）が第三者の行為によるものであるときは、併せて「第三者による傷病届」の提出も必要です。

> **以下の支給申請をするときに必要です**
> - 海外療養費
> - 移送費
>
> ※令和4年12月までは、療養費、高額療養費、傷病手当金、埋葬料（費）の申請に負傷原因届の添付が必要でしたが（ケガの場合）、申請様式の変更により令和5年1月からは不要になりました。法人役員の申請の場合は、引き続き添付が必要な場合があります。

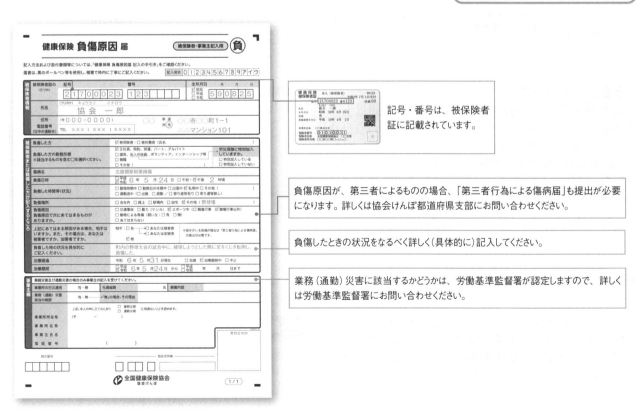

記号・番号は、被保険者証に記載されています。

負傷原因が、第三者によるものの場合、「第三者行為による傷病届」も提出が必要になります。詳しくは協会けんぽ都道府県支部にお問い合わせください。

負傷したときの状況をなるべく詳しく（具体的に）記入してください。

業務（通勤）災害に該当するかどうかは、労働基準監督署が認定しますので、詳しくは労働基準監督署にお問い合わせください。

高額療養費

被保険者や被扶養者が保険医療機関に支払う一部負担（自己負担）額については、自己負担限度額が設けられています。1ヵ月の負担額や同一世帯の合計負担額が高額になったり、高額の負担を負った月が何月も生じたときは、自己負担限度額を超えた額が高額療養費として払い戻されます。

自己負担限度額

●自己負担限度額（月額）

被保険者・被扶養者には、所得や年齢別（さらに、70歳以上75歳未満の人は通院・入院の別）に一部負担の限度額が月額で定められています。被保険者や被扶養者には、それぞれの限度額を超えた額が高額療養費として払い戻されます。

■70歳未満の方

被保険者の所得区分			自己負担限度額
ア	標準報酬月額	83万円以上	252,600円+（総医療費−842,000円）×1%〈多数該当140,100円〉
イ		53万〜79万円	167,400円+（総医療費−558,000円）×1%〈多数該当　93,000円〉
ウ		28万〜50万円	80,100円+（総医療費−267,000円）×1%〈多数該当　44,400円〉
エ		26万円以下	57,600円〈多数該当　44,400円〉
オ	低所得者（住民税非課税者）		35,400円〈多数該当　24,600円〉

■70歳以上75歳未満の方

被保険者の所得区分			自己負担限度額	
現役並み所得者	標準報酬月額	83万円以上	252,600円+（総医療費−842,000円）×1%〈多数該当140,100円〉	
		53万〜79万円	167,400円+（総医療費−558,000円）×1%〈多数該当　93,000円〉	
		28万〜50万円	80,100円+（総医療費−267,000円）×1%〈多数該当　44,400円〉	
一般所得者			18,000円（年間上限14.4万円）	57,600円〈多数該当　44,400円〉
低所得者	低所得者Ⅱ（住民税非課税者等）		8,000円	24,600円
	低所得者Ⅰ（所得が一定基準以下）			15,000円

●多数該当について

高額療養費の申請月以前の直近1年間に、3回以上高額療養費の支給を受けている場合、4回目からは自己負担額が軽減されます。多数該当が適用されるかどうかは、つねに直近12ヵ月を見て判断されます。

なお、70歳以上75歳未満の高齢受給者の多数該当については、通院の限度額の適用によって高額療養費を受けた回数は考慮しません。

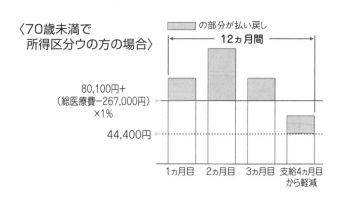

〈70歳未満で所得区分ウの方の場合〉

●自己負担計算の基準

①1ヵ月（1日から末日まで）を単位に各診療月ごとに見ます。

②それぞれ、入院・通院別、医科・歯科別に見ます。

③保険外の自己負担は高額療養費の対象になりません。

④特別料金や入院時の食事及び生活療養標準負担額は高額療養費の対象になりません。

⑤保険外併用療養費の自己負担額（特別料金の負担は除く）、療養費の一部負担金相当額、訪問看護療養費等の基本利用料は対象になります。

⇒ 高額医療費貸付制度

高額療養費は、支給申請書を提出してから支給されるまでには約3ヵ月がかかります。そのため、当座の医療費の支払いに充てる資金として、高額療養費支給見込額の8割相当額を保険者が無利子で貸し付ける制度（高額医療費貸付制度）があります。

世帯で負担が重なったとき（合算高額療養費）

●一部負担金21,000円以上のものを合算

一部負担金が自己負担限度額に届かなくても、同一月内に同一世帯で21,000円以上の一部負担金を合算して高額療養費の適用を受けることができます。70歳以上75歳未満の高齢受給者は、21,000円未満の一部負担金についても合算します。

●70歳未満の人と70歳以上75歳未満の人がいる世帯の場合

以下の手順で自己負担額を合算します。

❶70歳以上の外来の自己負担額を個人単位で計算
❷70歳以上の入院と外来の自己負担額を合算して世帯単位の限度額を計算
❸70歳未満の自己負担額と❷でなお残る自己負担額を合算して70歳未満の自己負担限度額を適用

75歳以上の人は後期高齢者医療制度の適用を受けるので、合算することはできません。

窓口負担を自己負担限度額までにするしくみ

高額療養費制度で後から払い戻されるとはいえ、一時的な支払いは大きな負担になります。そこで、医療機関ごと（1ヵ月単位）の窓口負担を自己負担限度額までにするしくみがあります。オンライン資格確認（マイナンバーカード）対応医療機関では、本人の同意があれば窓口負担が自己負担限度額までになります。

本人が同意しないときやオンライン資格確認に対応していない医療機関では、事前に申請した「**限度額適用認定証**」（住民税が非課税の場合は「**限度額適用・標準負担額減額認定証**」 ※55頁参照）と保険証を合わせて提出すると、窓口負担が自己負担限度額までになります。70歳以上75歳未満の人は、高齢受給者証と保険証を提示することで自己負担限度額までになります（所得区分が28～79万円の人は限度額適用認定証も必要です）。

慢性腎不全や血友病など高額長期疾病の場合

慢性腎不全で透析を受けている人、血友病の人、抗ウイルス剤を投与している後天性免疫不全症候群の人については、特定疾病に指定され、自己負担限度額が10,000円です。ただし、透析を受けている70歳未満の上位所得者（標準報酬月額53万円以上の方）とその被扶養者の自己負担限度額は20,000円とされています。また、限度額を超える額

も払い戻しではなく、医療を受ける形で行われるため、窓口での負担も限度額までですみます。

高額長期疾病の適用を受けるときは、医師の意見書を添えて保険者に申請し、「**健康保険特定疾病療養受療証**」の交付を受け、医療機関の窓口に被保険者証とともに提示してください。

高額医療・高額介護合算療養費

健康保険の世帯に介護保険の受給者がいる場合、1年間（8月1日～翌年7月31日まで）に負担した健康保険の一部負担金額（高額療養費を除く）と介護保険の利用者負担額（高額介護サービス費を除く）を合算して、介護合算算定基準額を超えた分が払い戻されます。

高額医療・高額介護合算療養費の支給のしくみ

介護合算算定基準額を超えた場合は、市町村に申請して発行を受けた「介護保険自己負担額証明書」を添付のうえ、支給申請を行います。申請に基づき、健康保険、介護保険の自己負担額の比率に応じて、健康保険からは高額介護合算療養費が、介護保険からは高額医療合算介護サービス費が支給されます。

■介護合算算定基準額

被保険者の区分		70歳未満の方を含む世帯
標準報酬月額	83万円以上	212万円
	53万～79万円	141万円
	28万～50万円	67万円
	26万円以下	60万円
低所得者（住民税非課税）		34万円

被保険者の区分		70歳以上75歳未満の方を含む世帯
標準報酬月額	83万円以上	212万円
	53万～79万円	141万円
	28万～50万円	67万円
	26万円以下	56万円
住民税非課税	低所得者II	31万円
	低所得者I	19万円

■健康保険 被保険者・被扶養者・世帯合算 高額療養費支給申請書

記号・番号は、被保険者証に記載されています。

家族（被扶養者）が受診した場合でも、被保険者の氏名を記入してください。生年月日欄は被保険者の生年月日を記入してください。
被保険者が亡くなられて、相続人の方が申請される場合は、申請される方の氏名を記入してください。（住所・振込口座も同様です。）

被保険者（申請者）名義の口座情報を記入してください。
ゆうちょ銀行の口座を希望される場合は、従来の口座番号（記号・番号（13桁））ではなく、振込専用の店名（漢数字3文字）・口座番号を記入してください。

高額療養費の申請について、月（1日から末日）を単位に記入してください。月をまたいだり、複数月を記入しての申請はできません。

受診者ごとに医療機関、薬局別に記入してください。
医療機関を4ヵ所以上受診している場合、続紙として白紙の申請用紙（2ページ目）をご用意いただき、記入してください。

医療機関等で支払った額のうち、保険診療分の金額（差額ベッド代などの保険外負担額や入院時の食事負担額などを除いた額）を記入してください。

低所得者（52頁参照）のいずれかに該当する場合は、チェックを入れてください。

「非課税等」にチェックを入れた場合、マイナンバーを利用した情報照会が行われるため、郵便番号を記入してください。

マイナンバーを利用した情報照会を希望しない場合はチェックを入れ、非課税証明書類を添付してください。
・令和5年8月～令和6年7月診療分：令和5年度（令和4年中収入）の（非）課税証明書
・令和6年8月～令和7年7月診療分：令和6年度（令和5年中収入）の（非）課税証明書

提出書類	健康保険 被保険者・被扶養者・世帯合算 高額療養費支給申請書
提出時期	診療月の翌月1日（一部負担金を診療月の翌月以降に支払ったときは支払った日の翌日）から2年以内
提出先	事業所を管轄する全国健康保険協会都道府県支部（郵送による提出も可）または健康保険組合
添付書類	① 低所得者に該当しマイナンバーを利用した情報照会を希望しない場合、低所得者・低所得者IIは被保険者の（非）課税証明書、低所得者Iは被保険者および被扶養者全員の（非）課税証明書。 ② 公的制度から医療費助成を受け、負担が軽減されている方は、医療機関の「領収書のコピー」 ③ 被保険者が亡くなり相続人が請求する場合は、被保険者との続柄がわかる「戸籍謄本」等

■健康保険限度額適用認定申請書、健康保険限度額適用・標準負担額減額認定申請書

70歳未満の方用

記号・番号は、被保険者証に記載されています。

入院され自宅で認定証の受け取りができない場合などに記入してください。不備等により書類をお返しする場合もこの送付先に送付します。

市町村民税非課税などの低所得者用

療養する方が申請を行った月以前1年間で長期入院（90日超）された場合は2ページ目を必ず記入してください。

入院され自宅で認定証の受け取りができない場合などに記入してください。不備等により書類をお返しする場合もこの送付先に送付します。

マイナンバーを利用した情報照会を希望する場合は、郵便番号を記入してください。
・令和5年8月～令和6年7月診療分：令和5年1月1日時点の住民票住所の郵便番号
・令和6年8月～令和7年7月診療分：令和6年1月1日時点の住民票住所の郵便番号

マイナンバーを利用した情報照会を希望しない場合はチェックを入れ、以下の証明書類を添付してください。
・令和5年8月～令和6年7月診療分：令和5年度（令和4年中収入）の(非)課税証明書
・令和6年8月～令和7年7月診療分：令和6年度（令和5年中収入）の(非)課税証明書

2ページ目は、1ページ目の認定対象者欄で「1.はい」と回答された方のみ記入してください。

提出書類	健康保険限度額適用認定申請書、健康保険 限度額適用・標準負担額減額認定申請書
提出時期	保険医療機関・保険薬局での窓口支払額を軽減したいとき
提出先	事業所を管轄する全国健康保険協会都道府県支部（郵送による提出も可）または健康保険組合

傷病手当金

被保険者が、病気やケガの療養のため仕事に就くことができず、給与が受けられないときは、その間の被保険者や家族の生活を保障するため、健康保険から傷病手当金が支給されます。

傷病手当金が支給される条件

傷病手当金は、以下の①〜④の条件をすべて満たしたときに支給されます。

①業務災害以外の理由の病気やケガの療養のための休業であること

保険給付の療養に限らず、自費で診療を受けた場合でも、仕事に就くことができない証明があるときは支給されます。また、自宅療養についても支給対象となります。ただし、業務災害・通勤災害によるもの（労災保険の給付の対象となります）や病気とみなされないもの（美容整形など）は支給対象外です。

②それまで就いていた仕事に就くことができないこと

軽い仕事ができても、それまでの仕事ができない状態のときには支給されます。ただし、同じ会社で、それまでの仕事の内容や時間を多少変更して仕事についている場合は支給の対象となりません。

③連続して3日以上休んでいること

病気やケガで休んだ期間のうち、最初の連続した3日を除き、4日目から支給されます（この連続した3日を「待期」といいます）。

待期については、仕事に就けないことが条件で、給与の支払いがあったかどうかは関係ありません（有給休暇とした場合も待期に数えられます）。休日や祝日も待期に含まれます。勤務時間後に病気やケガをして仕事に就くことができない状態になったときは、翌日が待期の1日目に数えられます。

■「待期3日間」の考え方

④休業した期間について給与の支払いがないこと

給与の支払いがあっても傷病手当金の額よりも少ない場合は、差額が支給されます。

見舞金が支払われるときについては、就業規則などの規程によって支払われる場合は給与とみなされますが、事業主が慣例として出す病気見舞金の場合は給与となりません。

なお、公休日についても傷病手当金は支給されます。

傷病手当金が受けられる期間

傷病手当金は、病気やケガで休んだ期間のうち、最初の3日（待期）が経過した4日目から、支給期間通算1年6ヵ月を限度として支給されます。

支給が始まった日以降、仕事に就いたときはその期間は支給が打ち切られます。その後再び仕事に就けなくなった場合には傷病手当金が支給されます。実際に支給された期間が1年6ヵ月に達すると支給終了です。

なお、傷病手当金を受けている間にほかの病気やケガで仕事に就けない状態になったときは、それぞれについて支給期間が計算されます（重複して支給はされませんが、傷病手当金が支給された日数分は、各々の疾病等に係る支給があったとみなされます）。

※令和4年1月から、支給期間が通算1年6ヵ月に変更になっています。

(待期)	欠勤	出勤	欠勤	欠勤
	←受給→		←受給→	

通算1年6ヵ月

傷病手当金の額

傷病手当金は、1日あたり、傷病手当金の支給を始める日の属する月以前の直近の継続した12月間の各月の標準報酬月額を平均した額の30分の1に相当する額の3分の2の額が支給されます。

$$支給総額 = \frac{直近1年間の標準報酬月額の平均額の30分の1}{} × 3分の2 × 支給日数$$

被保険者期間が1年に満たない場合は、入社後の平均額か、協会けんぽ全被保険者の平均額のいずれか低い額が基礎となります。

💡 傷病手当金が支給停止（支給調整）される場合

●出産手当金が受けられるとき

傷病手当金を受けているときに、出産手当金の支給条件に該当した場合は、出産手当金を優先して支給し、その間は傷病手当金の支給が停止されます。ただし、出産手当金の額が傷病手当金の額より少ないときは、その差額が支給されます。なお、出産手当金を支給すべき場合において傷病手当金が支払われたときは、その支払われた額（差額として支払われたものを除く）は、出産手当金の内払とみなされますが、傷病手当金の支給期間は減少します。

●障害厚生年金が受けられるとき

傷病手当金を受ける人が、同じ病気やケガによる障害厚生年金を受けるようになったときは、傷病手当金は支給されません。ただし、障害厚生年金と障害基礎年金の合計額の360分の1が傷病手当金の日額より低いときは、その差額が支給されます。

また、厚生年金保険の障害手当金が受けられる場合は、障害手当金を受けた日以後の傷病手当金の合算額が障害手当金の額に達する日まで、傷病手当金は支給されません。

傷病手当金不支給の場合は、支給期間は減少しません。

●労災保険の休業補償給付などが受けられるとき

労災保険から休業補償給付を受けているときに、業務災害以外の病気やケガで仕事に就けなくなった場合は、傷病手当金は支給されません。ただし、休業補償給付の額が傷病手当金の額より低いときは、その差額が支給されます。

※一定の条件を満たせば、資格喪失後も傷病手当金が支給されますが、老齢厚生年金受給者は傷病手当金との支給調整が行われます（62頁参照）。

■健康保険傷病手当金支給申請書

（2ページ）

傷病のため労務に服することができなかった期間を記入してください。
この申請書は、申請期間が経過する前に提出することはできません。

仕事の具体的な内容（たとえば、「経理担当事務」「自動車組立」「プログラマー」など）を記入してください。法人の役員である場合は「法人役員」と記入してください。
※ 退職後の申請の場合は、在職時の仕事の内容を記入してください。

（3ページ）

（4ページ）

※傷病手当金支給申請書は全4枚ですが、そのうち1ページ目は、掲載を省略しました。他の申請書の1ページ目の記入例（50頁など）をご参照ください。

申請期間を含む賃金計算期間のうち、出勤した日付を○で囲んでください。所定労働時間の一部公務に服した日も含みます。
※有給休暇や公休日の記入は不要です。有給休暇は下段の①～⑩に支給した日と金額を記入してください。

出勤していない日に対して報酬等を支給した日がある場合には、支給した日と金額を記入してください。有給休暇の賃金、出勤等の有無に関わらず支給している手当（通勤手当・扶養手当・住宅手当等）、食事・住居等の現物支給しているものが該当します。

治療期間ではなく、療養のため就労できなかったと認められる期間の始期と終期を記入してください。
期間のうち、労務不能と認められる期間が一部の場合は、右側の余白に労務不能と認められる日を記入してください。

症状および経過、労務不能と認められた医学的な所見を詳しく記入してください。

提出書類	健康保険傷病手当金支給申請書
提出時期	労務不能であった日ごとにその翌日から2年以内
提出先	事業所を管轄する全国健康保険協会都道府県支部(郵送による提出も可)または健康保険組合

添付書類　①支給開始日以前の12ヵ月以内で事業所に変更があった場合…以前の各事業所の名称、所在地及び各事業所に使用されていた期間がわかる書類
②障害厚生年金を受給しているとき＊…年金証書またはこれに準ずる書類のコピー。直近の額を証明する書類(年金額改定通知書等)のコピー。
③老齢退職年金を受給しているとき(申請期間が資格喪失後の場合)＊…年金証書またはこれに準ずる書類のコピー。直近の額を証明する書類(年金額改定通知書等)のコピー。
④労災保険の休業補償給付を受けているとき…休業補償給付支給決定通知書のコピー
＊マイナンバーを利用した情報照会を希望しない場合に提出が必要。

出産にかかる給付

被保険者が出産したときは出産育児一時金が、被扶養者が出産したときは家族出産育児一時金が支給されます。また、被保険者が出産のため会社を休み、その間給与の支払いがないときは、産前産後の一定期間、出産手当金が支給されます。

任意継続被保険者に対しては、資格喪失後の給付として支給される場合を除き、出産手当金は支給されません。

出産育児一時金・家族出産育児一時金の額

被保険者およびその被扶養者が出産したときの出産育児一時金および家族出産育児一時金の額は、一児につき50万円*（産科医療補償制度に加入していない医療機関等で出産した場合または在胎週数22週未満の分娩の場合は48.8万円）となります。

多児を出産したときは、胎児数分だけ支給されます。

産科医療補償制度加入機関で在胎週数22週以降の出産	**50万円** *	出産育児一時金・家族出産育児一時金の支給額
産科医療補償制度加入機関で在胎週数が22週に達しなかった出産	**48.8万円**	
産科医療補償制度未加入の機関で出産		*令和5年4月より、42万円から50万円に増額されました。

出産とは

妊娠85日（4ヵ月）以後の生産（早産）、死産（流産）、人工妊娠中絶をいいます。正常な出産、経済上の理由による人工妊娠中絶は、療養の給付の対象になりませんが、帝王切開等による分娩の場合は療養の給付が行われます。いずれの場合も出産育児一時金が支給されます。

➡ 産科医療補償制度

産科医療補償制度は、分娩に関連して発症した重度脳性麻痺児に対する補償の機能と脳性麻痺の原因分析・再発防止の機能を併せ持つ制度で、公益財団法人日本医療機能評価機構を運営組織として、平成21年1月1日から開始されました。分娩に関連して発症した重度脳性麻痺の児に対して、看護・介護のために、一時金600万円と分割金2,400万円、総額3,000万円が補償金として支払われます。

➡ 出産費貸付制度

出産費用に充てるため、出産育児一時金等の8割相当額を限度に資金を無利子で貸し付ける制度（出産費貸付制度）があります。対象者は協会けんぽ及び船員保険の被保険者または被扶養者で、出産育児一時金等の支給が見込まれる人のうち、出産予定日まで1ヵ月以内の人、または妊娠4ヵ月以上で病院等に一時的な支払いを要する人です。

出産育児一時金の支給方法（直接支払制度・受取代理制度）

出産にかかる費用に出産育児一時金を充てることができるよう、全国健康保険協会から出産育児一時金を医療機関等に直接支払う仕組み（直接支払制度）となっています。

なお、直接、医療機関等に出産育児一時金が支払われることを希望しない人は、出産後、出産費用の全額を医療機関等でお支払いいただいた後に被保険者から全国健康保険協会各都道府県支部に申請し、出産育児一時金を支給する方法をご利用いただくことも可能です。

※小規模な分娩施設等では医療機関等が被保険者に代わって出産育児一時金を受け取る受取代理制度を採用する場合があります。
※直接支払制度に対応していない医療機関があります。
※保険者が健康保険組合の場合は、加入する健康保険組合に申請・請求します。

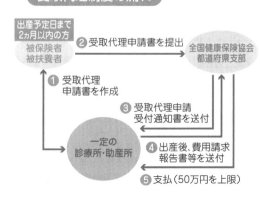

■出産育児一時金の支給にかかる手順（協会けんぽの例）

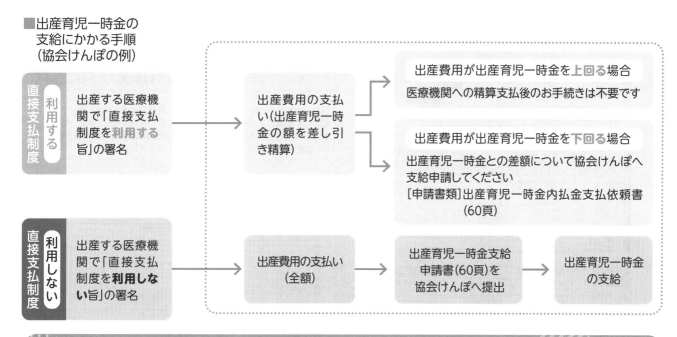

出産手当金

●出産手当金を受けるための条件

被保険者本人が出産のため会社を休み、その間に給与の支払いを受けなかった場合は、出産の日（実際の出産が予定日後のときは出産予定日）以前42日（多胎妊娠の場合98日）から出産の日後56日目までの範囲内で、会社を休んだ期間を対象として出産手当金が支給されます。出産が予定日より遅れた場合は、その遅れた期間についても出産手当金が支給されます。

■出産予定日に出産した場合または出産予定日より早く出産した場合

■出産予定日より遅れて出産した場合

●出産手当金の額

出産手当金は、1日当たり、出産手当金の支給を始める日の属する月以前の直近の継続した12月間の各月の標準報酬月額を平均した額の30分の1に相当する額の3分の2の額が支給されます。

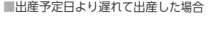

$$\boxed{\text{支給総額}} = \boxed{\begin{array}{c}\text{直近1年間の標準報酬月額}\\\text{の平均額の30分の1}\end{array}} \times \boxed{\text{3分の2}} \times \boxed{\text{支給日数}}$$

被保険者期間が1年に満たない場合は、入社後の平均額か、協会けんぽ全被保険者の平均額のいずれか低い額が基礎となります。

⇒ 傷病手当金を受けられるとき

出産手当金の支給期間中に傷病手当金も受けられる場合は、出産手当金の支給を優先し、その間傷病手当金は支給されません。ただし、出産手当金の額が傷病手当金の額より少ないときは、その差額が支給されます。なお、出産手当金を支給すべき場合において傷病手当金が支払われたときは、その支払われた額（差額として支払われたものを除く）は、出産手当金の内払とみなされます。

例

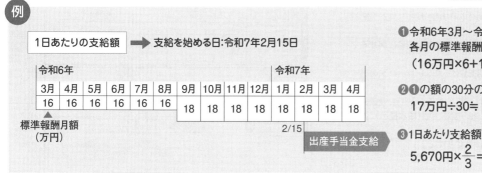

❶令和6年3月〜令和7年2月（直近1年間）の各月の標準報酬月額の平均額

（16万円×6+18万円×6）÷12＝ 17万円

❷❶の額の30分の1に相当する額

17万円÷30≒ 5,670円 （10円未満四捨五入）

❸1日あたり支給額

5,670円× 2/3 ＝ 3,780円 （1円未満四捨五入）

■出産育児一時金支給申請書（直接支払制度を利用しなかった場合）

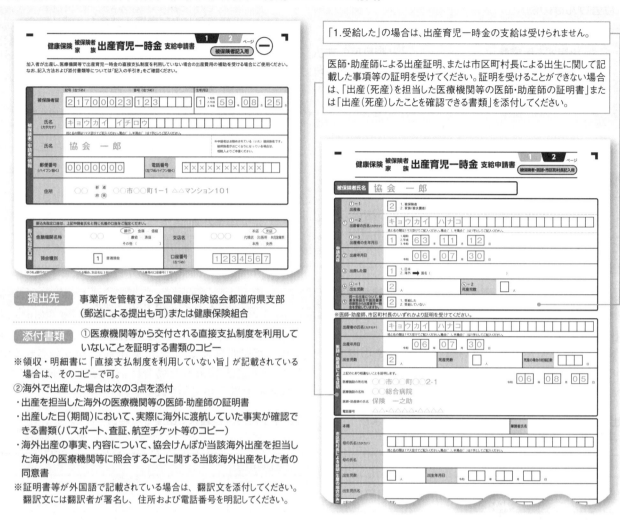

「1.受給した」の場合は、出産育児一時金の支給は受けられません。

医師・助産師による出産証明、または市区町村長による出生に関して記載した事項等の証明を受けてください。証明を受けることができない場合は、「出産（死産）を担当した医療機関等の医師・助産師の証明書」または「出産（死産）したことを確認できる書類」を添付してください。

提出先 事業所を管轄する全国健康保険協会都道府県支部（郵送による提出も可）または健康保険組合

添付書類 ①医療機関等から交付される直接支払制度を利用していないことを証明する書類のコピー

※領収・明細書に「直接支払制度を利用していない旨」が記載されている場合は、そのコピーで可。

②海外で出産した場合は次の3点を添付
・出産を担当した海外の医療機関等の医師・助産師の証明書
・出産した日（期間）において、実際に海外に渡航していた事実が確認できる書類（パスポート、査証、航空チケット等のコピー）
・海外出産の事実、内容について、協会けんぽが当該海外出産を担当した海外の医療機関等に照会することに関する当該海外出産をした者の同意書

※証明書等が外国語で記載されている場合は、翻訳文を添付してください。翻訳文には翻訳者が署名し、住所および電話番号を明記してください。

■出産育児一時金内払金支払依頼書（直接支払制度を利用し、差額の支給が生じる場合）

※申請書の1ページ目は掲載を省略しました。上記をご参照ください。

「1.受給した」の場合は、出産育児一時金の支給は受けられません。

医師・助産師による出産証明、または市区町村長による出生に関して記載した事項等の証明を受けてください。ただし、医療機関等から交付されている領収・明細書に「出産年月日」および「出生児数」が記載されている場合、もしくは死産の場合で「死産年月日」および「妊娠週数」が記載されている場合は必要ありません。

添付書類 ①医療機関等から交付される出産費用の領収・明細書のコピー

②医療機関等から交付される直接支払制度に係る代理契約に関する文書のコピー

③医師・助産師または市区町村長の証明を受けられない場合は次のいずれかを添付
・出生が確認できる書類（戸籍謄（抄）本、戸籍記載事項証明書、登録原票記載事項証明書、出生届受理証明書、母子健康手帳（原本提示）、住民票など）
・死産が確認できる書類（死産証書（死体検案書）など）

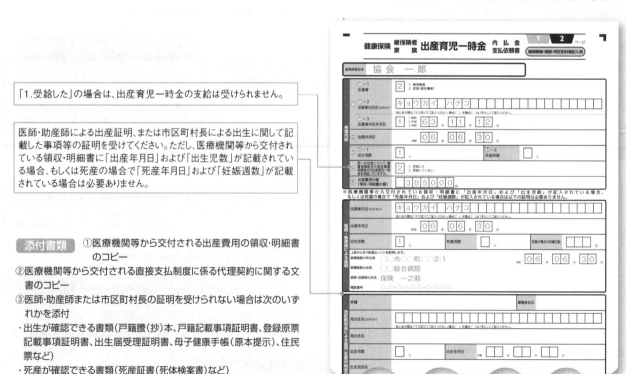

■出産手当金支給申請書

健康保険 出産手当金 支給申請書 1 2 3 ページ （被保険者・医師・助産師記入用）

被保険者氏名 協会 花子

申請内容

| 申請期間（出産のために休んだ期間） | 令和 06 年 03 月 11 日 から 令和 06 年 06 月 17 日 |

今回の出産手当金の申請は、出産前の申請ですか、出産後の申請ですか。 **2** 1. 出産前　2. 出産後

①－1 出産予定日　令和 06 年 04 月 21 日

①－2 出産年月日（出産後の申請の場合はご記入ください）　令和 06 年 04 月 22 日

④－1 出生児数　1 人　　出産前の申請の場合、予定の出生児数をご記入ください。

④－2 死産児数　□ 人

⑤－1 申請期間（出産のために休んだ期間）に報酬を受けましたか。　**1** 1. はい ➡ ⑤－2へ　2. いいえ

⑤－2 受けた報酬は事業主証明欄に記入されている内容のとおりですか。　**1** 1. はい　2. いいえ ➡ 事業主へご確認のうえ、正しい証明を受けてください。

医師・助産師による証明

出産者氏名（カタカナ）　キョウカイ ハナコ
姓と名の間は1マス空けてご記入ください。濁点（゛）、半濁点（゜）は1字としてご記入ください。

出産予定日　令和 06 年 04 月 21 日

出産年月日　令和 06 年 04 月 22 日

出生児数　1 人　　出産前の申請の場合、予定の出生児数をご記入ください。

死産児数　□ 人

死産の場合の妊娠日数　□□ 日

上記のとおり相違ないことを証明します。　令和 06 年 05 月 15 日
医療施設の所在地　○○県○○市○○町△△1-1
医療施設の名称　○○総合病院
医師・助産師の氏名　保険 丸次郎
電話番号　△△△-△△△△-△△△△

『事業主記入用』は3ページ目に続きます。>>>

6 1 1 2 1 1 0 1　全国健康保険協会 協会けんぽ　(2/3)

（右側の注釈）

出産のため労務に服さなかった期間（公休日を含む）を記入してください。この申請書は、ここに記入した期間が経過する前に提出することはできません。

出産前の申請か出産後の申請か記入してください。

出産前の申請の場合、出産予定日のみを記入してください。
出産後の申請の場合、出産予定日と出産日の両方を記入してください。

医師または助産師に記入いただいてください。記入漏れのないようにお願いします。

※出産手当金支給申請書は全3枚ですが、そのうち1ページ目は、掲載を省略しました。他の申請書の1ページ目の記入例（50頁など）をご参照ください。

健康保険 出産手当金 支給申請書 1 2 3 ページ （事業主記入用）

労務に服さなかった期間を含む賃金計算期間の勤務状況および賃金支払い状況等をご記入ください。

被保険者氏名（カタカナ）　キョウカイ ハナコ
姓と名の間は1マス空けてご記入ください。濁点（゛）、半濁点（゜）は1字としてご記入ください。

事業主が証明するところ

勤務状況　2ページの申請期間のうち、出勤した日付を○で囲んでください。「有」については出勤の取り扱いに関わる○をご記入ください。

令和 06 年 03 月	① ② ③ 4 5 ⑥ ⑦ ⑧ ⑨ ⑩ 11 12 13 14 15　16 17 18 19 20 21 22 23 24 25 26 27 28 29 30 31
令和 06 年 04 月	1 2 3 4 5 6 7 8 9 10 11 12 13 14 15　16 17 18 19 20 21 22 23 24 25 26 27 28 29 30 31
令和 06 年 05 月	1 2 3 4 5 6 7 8 9 10 11 12 13 14 15　16 17 18 19 20 21 22 23 24 25 26 27 28 29 30 31
令和 06 年 06 月	1 2 3 4 5 6 7 8 9 10 11 12 13 14 15　16 17 18 19 20 21 22 23 24 25 26 27 28 29 30 31
令和 　年 　月	1 2 3 4 5 6 7 8 9 10 11 12 13 14 15　16 17 18 19 20 21 22 23 24 25 26 27 28 29 30 31

2ページの申請期間のうち、出勤していない日に上記「○」で囲んだ日以外の日に対して、報酬等（※）を支払った日がある場合は、支払った日と金額をご記入ください。また、支払った報酬等の種類が、出勤時の賃金・扶養手当・住宅手当・通勤手当・食事補助・住宅補助等に該当している場合等

例	令和 05 年 02 月 01 日 から 令和 05 年 02 月 28 日	30000 円
令和 05 年 10 月 01 日 から 令和 06 年 03 月 31 日	50000 円
令和 06 年 03 月 01 日 から 令和 06 年 03 月 31 日	100000 円
令和 06 年 03 月 11 日 から 令和 06 年 03 月 11 日	8000 円
令和 06 年 03 月 14 日 から 令和 06 年 03 月 15 日	16000 円

上記のとおり相違ないことを証明します。
事業所所在地　○○市○○町△△1－2　令和 06 年 07 月 10 日
事業所名称　○○株式会社
事業主氏名　健保 二郎
電話番号　△△△-□□□□-□□□□

6 1 1 3 1 1 0 1　全国健康保険協会 協会けんぽ　(3/3)

（左側の注釈）

申請期間を含む賃金計算期間のうち、出勤した日付を○で囲んでください。所定労働時間の一部公務に服した日も含みます。
※有給休暇や公休日の記入は不要です。有給休暇は下段の①～⑩に支給した日と金額を記入してください。

出勤していない日に対して報酬等を支給した日がある場合には、支給した日と金額を記入してください。有給休暇の賃金、出勤等の有無に関わらず支給している手当（通勤手当・扶養手当・住宅手当等）、食事・住居等の現物支給しているものが該当します。

| 提出書類 | 健康保険出産手当金支給申請書 |

| 提出時期 | 出産のため労務に服さなかった日ごとにその翌日から2年以内 |

| 提出先 | 事業所を管轄する全国健康保険協会都道府県支部（郵送による提出も可）または健康保険組合 |

| 添付書類 | 支給開始日以前の12ヵ月以内で事業所に変更があった場合…以前の各事業所の名称、所在地及び各事業所に使用されていた期間がわかる書類 |

死亡にかかる給付

被保険者が業務外の事由により死亡したときには埋葬料（家族以外の人が埋葬を行ったときは埋葬費）が、被扶養者が死亡したときには家族埋葬料が支給されます。埋葬料を受けられる人は、被扶養者に限らず、生計費の一部を維持されていた家族も含まれます。

埋葬料・埋葬費

●埋葬料・埋葬費が支給される人

被保険者が死亡した場合は、死亡当時被保険者に生計を維持されていた人（被扶養者に限りません）に埋葬料が支給されます。該当する人がない場合は、実際に埋葬を行った人に対して埋葬の費用（埋葬費）が支給されます。

●埋葬料・埋葬費の額

埋葬料の支給額は5万円です。埋葬費は、埋葬料（5万円）の範囲内で実際に埋葬に要した費用が支給されます。

なお、自殺やけんかなどによる死亡の場合も埋葬料・埋葬費は支給されます（負傷に対する給付は制限されます）。

生計を維持されていた人とは

被保険者によって生計費の一部でも維持されている人であればよく、民法上の親族や遺族であることは問われません。また、被保険者が世帯主であるか、同一世帯であるかも問われません。

実際に埋葬に要した費用とは

埋葬費にかかる「実際に埋葬に要した費用」とは、霊柩車代、霊柩運搬代、霊前供物代、火葬料、僧侶の謝礼等の実費額で、葬式での参列者の接待費用や香典返しなどは含まれません。

家族埋葬料

被扶養者となっている家族が死亡した場合は、被保険者に対して家族埋葬料が支給されます。支給額は5万円です。

退職後の給付

ある一定の条件を満たしていれば、被保険者が資格を喪失したときは、傷病手当金や出産手当金の継続支給を受けることができます。また、資格喪失後6ヵ月以内に出産をしたときは出産育児一時金が、資格喪失後3ヵ月以内に死亡したとき等は埋葬料が支給されます。

●傷病手当金・出産手当金

資格喪失の日の前日まで被保険者期間が継続して1年以上あり、被保険者資格喪失の際に、現に傷病手当金または出産手当金を受けているか、支給を受ける条件を満たしている場合は、所定の期間の範囲内で、傷病手当金または出産手当金が支給されます。

ただし、傷病手当金の給付を受けている人が老齢退職年金給付の受給者になったときは、傷病手当金は支給されません。ただし、年金額の360分の1が傷病手当金の日額より低いときは、その差額が支給されます。

●出産育児一時金

資格喪失の日の前日まで被保険者期間が継続して1年以上ある人が、資格喪失日から6ヵ月以内に出産したときは出産育児一時金が受けられます。

女性の被保険者が資格喪失後、夫である被保険者の被扶養者になった場合は、資格喪失後の出産育児一時金または家族出産育児一時金のどちらかを選択して受けることとなり、二重に受けることはできません。

なお、被保険者の資格喪失後に被扶養者だった家族が出産しても、家族出産育児一時金は支給されません。

●埋葬料（埋葬費）

被保険者がその資格喪失後に死亡し、次のいずれかに該当する場合は、埋葬料または埋葬費が支給されます。
①資格喪失後3ヵ月以内に死亡したとき
②資格喪失後の傷病手当金・出産手当金を継続受給中に死亡したとき
③②の継続給付を受けなくなってから3ヵ月以内に死亡したとき

なお、被保険者の資格喪失後に被扶養者だった家族が死亡しても、家族埋葬料は支給されません。

■健康保険 被保険者・家族 埋葬料(費)支給申請書

被扶養者が亡くなった場合

記号・番号は、被保険者証に記載されています。

被保険者の氏名を記入してください。生年月日欄は被保険者の生年月日を記入してください。
被保険者が亡くなられた場合は、申請される方の氏名を記入してください(住所も同様です)。

被保険者(申請者)名義の口座情報を記入してください。
ゆうちょ銀行の口座を希望される場合は、振込専用の店名(漢数字3文字)・口座番号を記入してください。

被保険者が亡くなった場合は1または2を、被扶養者が亡くなった場合は3を記入してください。

事業主に証明を受けてください。証明が受けられない場合、死亡したことのわかる書類の添付が必要です。

提出書類	健康保険 被保険者・家族 埋葬料(費)支給申請書
提出時期	死亡した日の翌日または埋葬を行った日の翌日から2年以内
提出先	事業所を管轄する全国健康保険協会都道府県支部(郵送による提出も可)または健康保険組合

添付書類
① 被保険者が亡くなり被扶養者が申請する場合や、被扶養者が亡くなった場合は、添付書類の提出は不要です。
② 被保険者が亡くなり、被扶養者以外で被保険者により生計を維持されていた方が埋葬料を申請する場合
　・住民票(亡くなった被保険者と申請者が記載されているもの)
　・住居が別の場合→定期的な仕送りの事実のわかる預貯金通帳や現金書留のコピーまたは亡くなった被保険者が申請者の公共料金等を支払ったことがわかる領収書など
③ 被保険者が亡くなり、実際に埋葬を行った方が埋葬費を申請する場合
　・領収書の原本(支払った方のフルネームおよび埋葬に要した費用額が記載されているもの)
　・埋葬に要した費用の明細書(費用の内訳がわかるもの)
④ 上記いずれの場合も事業主の証明が受けられないときまたは任意継続被保険者(被扶養者)が亡くなった場合は、埋葬許可証または火葬許可証のコピー、死亡診断書、死体検案書または検視調書のコピー、亡くなった方の戸籍(除籍)謄(抄)本、住民票のいずれかを添付
⑤ 証明書等が外国語で記載されている場合は、翻訳文(翻訳者の署名、住所、電話番号を明記)を添付

自動車事故などで医療を受けたとき

被保険者や被扶養者が、業務上・通勤途上以外で自動車事故など第三者の行為によって、負傷したり病気になり、療養の給付等を受けた場合などは、保険給付と損害賠償の調整が行われるため、「第三者の行為による傷病届」の提出が必要です。

第三者の行為による傷病

交通事故など、第三者（加害者）の行為によってケガをしたり病気になった場合にも、被保険者や被扶養者は、療養の給付等の保険給付を受けることができます（ただし、業務上・通勤災害による場合を除く）。また、同時に第三者に対する損害賠償請求権も取得することになります。しかし、同じ内容の損害の補償を重複して受けることはできないため、損害賠償と保険給付は調整されます。

調整方法は、保険給付を受けた被保険者等に代わって、保険者が第三者から損害賠償金を受ける「求償」と、被保険者等が第三者から損害賠償を受けたときにその範囲内で給付をしない「免責」の2つの取り扱いがあります。

求償と免責

●求償

第三者の行為によってケガや病気をしたときは、健康保険で治療を受けることはできますが、治療費は原則として加害者（第三者）が負担することになっています。治療に健康保険を使った場合、かかった医療費は、保険者（健康保険）が一時立て替え、後日、それを加害者または損害保険会社に請求します。保険者は、保険給付の価額の限度で被害者（被保険者等）が持っている損害賠償請求権を取得します（「代位取得」）。代位取得した権利を行使することを「求償」といいます。

なお、被害者（被保険者等）の家族に対する手当や入院の際の差額ベッド代等保険適用外のものは代位取得の対象になりません。

被害者である被保険者や被扶養者は、病院で治療を受けたらすぐに加入している健康保険に「第三者の行為による傷病届」によって連絡する必要があります。

●免責

被害者（被保険者等）が第三者から同一の事由について損害賠償を受けたときは、保険者はその価額の範囲内で保険給付をしなくてもよいとされています。これを「免責」といいます。

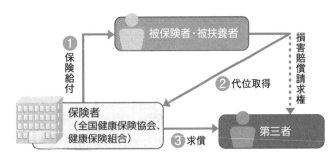

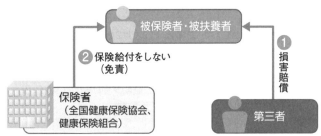

示談と保険給付

被害者である被保険者や被扶養者は、保険者が代位取得した損害賠償請求権の内容を変更することはできません。示談を行い、損害賠償を全額受けたり免除した場合などは、健康保険の給付が行われない事態も生じます。示談を行う場合は、事前に保険者（全国健康保険協会都道府県支部等）に相談し、慎重に進めるようにしてください。

■交通事故、自損事故、第三者（他人）等の行為による傷病（事故）届

交通事故の場合

（1面）

交通事故、自損事故、第三者（他人）等の行為による傷病（事故）届

届出者	被保険者証記号番号	55010203 / 123	被保険者氏名	健保　守 ㊞	職種	事務職
	事業所名（勤め先）	協会商事（株）	所在地（勤め先）	〒000-0000 ○○市○○町1-1 ℡（×××-×××-××××）		
被害者（受診者）	氏名	健保　守 （男）・女 59才	続柄 本人	住所	〒000-0000 ○○市○○町○-○-○ ℡（　）	
	事故内容	（自動車事故）・バイク事故・自転車事故・歩行中・殴打・刺傷・その他（　）				
	警察への届出有無	有（（人身事故）・物損事故 ※注1（○○　警察署）無：（理由　）				
加害者（第三者）	氏名	社会　一郎 （男）・女 44才	住所	〒000-0000 ○○市○○町○−○−○ ℡（　）		
	勤務先又は職業	（株）厚年物産	所在地	〒000-0000 ○○市○○町1−2 ℡（　）		
加害者が不明の理由						
事故発生	令和6年 5月 7日 （前）・後 9時 00分		発生場所	○○ （市）・郡 ○○ （町）・村 2丁目		
過失の度合	（自分）被害者	1・（2）・3・4・5・6・7・8・9・10	（相手）加害者	1・2・3・4・5・6・7・（8）・9・10		

事故の相手の自動車保険加入状況

傷病が交通事故によるとき						
自賠責保険	保険会社名	○○損害保険（株）	取扱店所在地	〒000-0000 ○○市○○町1−1 ℡（×××-×××-××××）		
	保険契約者名（名義人）	社会　一郎	住所（所在地）	○○市○○町○−○−○	関係	保有者との 本人 / 加害者との 本人
	自動車の種別	普通乗用車　府県名 ○○	登録番号	○○550 あ0000	車台番号	AAA100
	自賠責証明書番号	A22-31543-0-11	保険期間	自 令和○年 4月 1日 / 至 令和○年 3月 31日		
	自動車の保有者名	契約者に同じ	住所（所在地）	契約者に同じ	加害者との関係	本人
任意保険	保険会社名	○○○ （火災海上（株））・農協	取扱店所在地	〒000-0000 ○○市○○町○○○ 担当者名 高橋 ℡（　）		
	保険契約者名	社会　一郎	住所（所在地）	〒000-0000 ○○市○○町○−○−○		
	契約証書番号	XX-32156748	保険期間	自 令和○年 4月 1日 / 至 令和○年 3月 31日		
	保険契約期間	令和○年4月1日 ～令和○年3月31日	任意一括について ※注2	（有）・無		

※ 注1

物損事故で処理した場合	別途「人身事故証明入手不能届」の提出を求める場合があります。

※ 注2

任意一括とは、自賠責保険だけの対応ではなく、任意保険が対応している場合です。

受付日付印

（2面）

治療状況（治療順）						
①	名称	○○中央病院	（入院）	6年5月7日から 6年5月18日まで	自費・加害者負担・自賠責・（社会保険）
	所在地	○○市○○町1-1	通院	年 月 日から 年 月 日まで	自費・加害者負担・自賠責・社会保険
②	名称	○○クリニック	入院	年 月 日から 年 月 日まで	自費・加害者負担・自賠責・社会保険
	所在地	○○市○○町2-1	（通院）	6年5月19日から 年 月 日まで	自費・加害者負担・自賠責・（社会保険）
③	名称		入院	年 月 日から 年 月 日まで	自費・加害者負担・自賠責・社会保険
	所在地		通院	年 月 日から 年 月 日まで	自費・加害者負担・自賠責・社会保険

治療見込み（治療終了日）	6年7月頃（　年　月　日終了）	（注）治療費の支払区分を医療機関に確認して○で囲んでください。治療が終了しているときは、最終受診日をご記入ください。

休業補償

休業（治療）中の休業補償の方法（記号に○をつける）

ア 加害者が負担　イ 職場から支給　ウ 自賠責へ請求
（エ） 社会保険へ傷病手当金　オ その他（被害者加入の人身傷害保険へ請求など）
の請求予定

損害賠償の示談

示談又は和解（該当に○をつける）　※示談している場合は、示談書の写しを添付すること

した・（交渉中）・しない（理由）

加害者や損害保険会社からの仮渡金・治療費・付添料など…
状況を具体的に記入すること。

■添付書類一例（事故発生状況報告書）

事故発生状況報告書

事故証明書番号	第 0001 号	当事者	甲（加害・第三者）	氏名 社会　一郎 （電話）000-000-0000	
自動車の番号	00550あ0000		乙（受診者）	氏名 健保　守 （電話）000-000-0000	（運転）・同乗 歩行・その他
天候	（晴）・曇・雨・雪・霧	交通状況	混雑・（普通）・閑散	明暗	（昼間）・夜間・明け方・夕方
道路状況	舗装（してある）・してない・歩道（両）・片）・（ある）・ない・（直線）・カーブ・（平坦）・坂・見通し（良い）・悪い・積雪路・凍結路				
信号又は標識	信号（ある）・ない　自車側信号（青・（赤）・　）相手側信号（青・（赤）・　）　駐停車禁止（されている）・されていない　その他の標識				
速度	甲車両30km/h（制限速度30km/h）・乙車両 0km/h（制限速度30km/h）				

事故現場における自動車と被害者との状況を図示してください。

事故発生状況略図（道路幅をmで記入してください。）

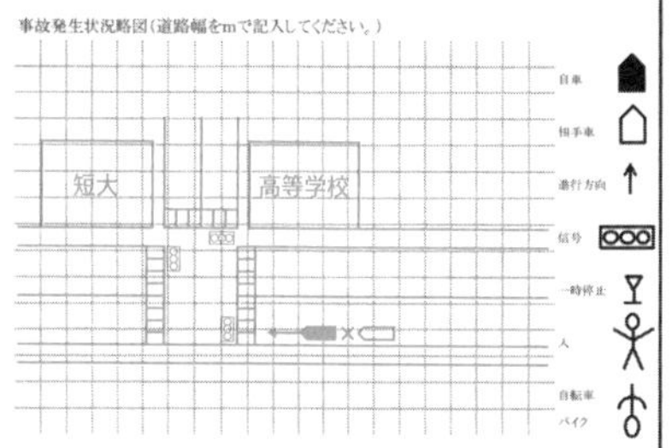

短大
高等学校
自車
相手車
進行方向
信号
一時停止
人
自転車
バイク

上記図の説明を書いてください。

令和6年5月7日午前9時頃、○○通りを自家用車で走行中、交差点の信号が赤になったため、スピードを落とし停車したところ、後方より加害者の車に追突された。

別紙交通事故証明に補足して上記のとおりご報告申し上げます。

令和6年　5月　30日

報告者　甲との関係（　）乙との関係（本人）　氏名　健保　守 ㊞

提出書類　交通事故、自損事故、第三者（他人）等の行為による傷病（事故）届

提出時期　第三者の行為により被災した場合に遅滞なく

提出先　事業所を管轄する全国健康保険協会都道府県支部（郵送による提出も可）または健康保険組合

添付書類
①交通事故証明書…自動車安全運転センターで発行されます。物件事故の場合は、「人身事故証明書入手不能理由書」も提出が必要です。
②負傷原因報告書…業務上や通勤途上での負傷でないかどうかの確認のために必要な書類です。いつ、どこで、何をしているときに負傷したかなどを、できるだけ詳しく記入してください。
③事故発生状況報告書…交通事故の場合、事故の状況や過失割合を判断する上で重要な書類なので、できるだけ詳しく記入してください。
④損害賠償金納付確約書・念書…相手側（加害者）に記入してもらう書類です。事故等の状況によっては署名を拒否される場合があるので、その場合は余白に記入できない理由を書いてください。
⑤同意書…協会けんぽが加害者の損害保険会社等へ損害賠償請求をする際、医療費の内訳（診療報酬明細書の写し）を添付します。個人情報の提供となるため、ご本人の同意をお願いします。
⑥示談書の写し…示談が成立している場合は、添付してください。

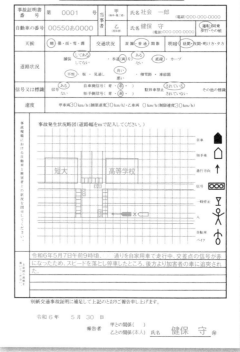

日々雇われる人の給付

　日々雇われる人が健康保険の適用事業所で使用されたときは、法第3条第2項被保険者（日雇特例被保険者）として、その被扶養者とともに健康保険の給付を受けます（8頁参照）。法第3条第2項被保険者の健康保険の保険者は、全国健康保険協会です。

給付を受けられる人

　療養の給付等を受けるためには、初めて給付を受ける月の前2ヵ月間に通算して26日分以上または前6ヵ月間に通算して78日分以上の保険料が納付（印紙の貼付）されていることが条件です。

　ただし、出産育児一時金・出産手当金については前4ヵ月間に通算して26日分以上の保険料納付が条件となり、埋葬料・埋葬費については療養の給付等を受けなくなった日後3ヵ月以内に亡くなった場合にも支給されます。

給付を受けるための手続き

　給付を受ける条件を満たしたときは、被保険者手帳を全国健康保険協会都道府県支部または指定市町村長に提出して、受給資格者票に押印を受けます。給付を受けるときは、その受給資格者票を保険医療機関に提出します。

　療養費、高額療養費、傷病手当金、出産に関する給付、埋葬料等については、それぞれの支給申請書に被保険者手帳を添付して全国健康保険協会都道府県支部または指定市町村長に提出します。

■保険給付一覧

給 付 の 種 類	支 給 期 間	支 給 額
療養の給付 入院時食事療養費 入院時生活療養費 保険外併用療養費 療養費 訪問看護療養費 移送費 高額療養費 高額医療・高額介護合算療養費 家族療養費 家族訪問看護療養費 家族移送費	療養の給付等の開始日から原則1年 （結核性疾病は5年）	一般の被保険者と同じ
傷病手当金	支給を始めた日から原則6ヵ月 （結核性疾病は1年6ヵ月）	1日につき、前2ヵ月間または6ヵ月間で賃金総額の最も多かった月の標準賃金日額の合計額の45分の1
出産育児一時金 家族出産育児一時金	———	一般の被保険者と同じ
出産手当金	一般の被保険者と同じ	1日につき、前4ヵ月間で賃金総額の最も多かった月の標準賃金日額の合計額の45分の1
埋葬料 埋葬費 家族埋葬料	———	一般の被保険者と同じ
特別療養費*	被保険者手帳の交付日から3ヵ月 （交付日が月の初日の場合は2ヵ月）	療養の給付等と同じ

＊保険料の納付条件を満たさない人（初めて被保険者手帳の交付を受けた人等）には、申請により特別療養費受給票が交付されます。この特別療養費受給票を保険医療機関に提出することにより、療養の給付等と同等の保険給付（特別療養費）が受けられます。

後期高齢者医療制度

平成20年4月に、「後期高齢者医療制度」が創設されました。75歳以上の人と一定の障害があると認定された65歳以上の人が加入し、医療給付等を受けます。

後期高齢者医療制度のしくみ

●保険者と被保険者

都道府県単位ですべての市町村が加入する後期高齢者医療広域連合が運営にあたります。

75歳以上の人と65歳以上75歳未満で寝たきり等の一定の障害がある人（広域連合の認定を受けた人）は、それまで加入していた医療保険（被用者保険・国民健康保険）の資格を喪失し、後期高齢者医療制度の被保険者となります。

●費用負担

後期高齢者医療の患者負担分を除く費用は、被保険者の保険料（約1割）、現役世代からの支援金（約4割）、公費（約5割）でまかなわれます。※令和6年度から割合は変わります。

被保険者は、全員が一人ひとり保険料を納付します。所得の低い人や後期高齢者医療制度加入の前日まで被用者保険の被扶養者だった人（自身で保険料を納めていなかった人）は、保険料が軽減されます。

⇒ 前期高齢者医療について

65歳～74歳の前期高齢者は、継続して国民健康保険や被用者保険に加入します。患者負担分を除く医療費は、各制度（国民健康保険、協会けんぽ、健康保険組合、共済組合）の75歳未満の加入者数に応じて調整されます。なお、従来の退職者医療制度は平成20年3月で廃止されました（平成26年度までの間における65歳未満の退職被保険者等が65歳になるまでは経過的に存続）。

介護保険制度

介護保険制度は、40歳以上の人が加入する制度で、介護が必要な状態になっても可能な限り自立した日常生活が営めることを目的に、介護サービスを提供する制度です。

介護保険制度のしくみ

●保険者と被保険者

市区町村が保険者となり、運営にあたります。

被保険者は、市区町村に住む40歳以上の人で、年齢により第1号被保険者（65歳以上）と第2号被保険者（40歳以上65歳未満で、医療保険（健康保険、国民健康保険、共済組合など）に加入する人）に分けられます。

●費用負担

患者負担分を除く給付費用は、公費（5割）と被保険者の保険料（5割）でまかなわれます。

第1号被保険者の保険料は、市町村ごとに基準が定められ、所得によって9段階（自治体ごと異なる）に分けられています。

第2号被保険者の保険料額は、標準報酬月額と標準賞与額に介護保険料率をかけたもので、医療保険の保険者等が健康保険料と一体で徴収し、納付します。

保険給付

介護サービスとして、要介護者（日常生活の動作について介護が必要な状態にある人）には介護給付が、要支援者（介護が必要な状態になるおそれがある人）には予防給付が行われます。

なお、第2号被保険者へは、末期がんや脳血管障害、初老期認知症など、加齢に伴う特定疾病が原因である場合に、給付が行われます。

●介護サービスの例
- 訪問介護 ・訪問入浴介護 ・訪問リハビリテーション
- 通所介護 ・短期入所生活介護・福祉用具貸与
- 住宅改修 ・介護老人福祉施設入所

健康保険給付の申請書一覧

※添付書類については、主に必要とされるものを掲載しています。場合によっては、
　ここに掲載のない添付書類が必要となることもあります。

ケース	申請書名	主な添付書類	
やむを得ない事情で保険医療機関で保険給付を受けることができず、自費で診療を受けたときなど	健康保険 療養費支給申請書 （立替払等、治療用装具、生血）	**立替払** ○領収（明細）書 ○診療明細書 **治療用装具** ○領収書 ■医師の意見および装具装着証明書 △靴型装具の場合は現物写真	**海外療養費** ○診療内容明細書　○領収明細書 ○領収書　○日本語の翻訳文 ○パスポート、査証、航空チケットいずれかの写し ○海外医療機関に照会することの同意書 △ケガの場合は負傷原因届 **生血** ○領収書　○輸血証明書
移動困難な患者が医師の指示で別の医療機関に移送されたとき	健康保険 移送費支給申請書	○領収書 □医師または歯科医師の意見書　　△ケガの場合は負傷原因届	
1ヵ月の窓口負担が自己負担限度額を超えたとき 窓口負担を軽減したいとき	健康保険 高額療養費支給申請書	■マイナンバー記入・本人確認書類　△生活保護開始（変更・廃止）決定通知書 △領収書（費用徴収が「有」の場合）	
	健康保険 限度額適用認定申請書 （上位所得者・一般所得者用）		
	健康保険 限度額適用・標準負担額減額認定申請書 （市区町村民税非課税などの低所得者用）	**70歳未満の低所得者** ■マイナンバー記入・本人確認書類 △保護申請却下通知書か保護廃止決定通知書か、その写しに事業主、民生委員、福祉事務所長が原本証明したもの △標準負担額にかかる領収書 **高齢受給者** ●マイナンバー記入・本人確認書類　●公的年金等源泉徴収票 ●給与等源泉徴収票	
特定疾病の療養のため、高額に医療費がかかるとき	健康保険 特定疾病療養受療証交付申請書	■医師の意見書または診断書等	
療養のため仕事を休み、給料を受けられないとき	健康保険 傷病手当金支給申請書	□療養担当者の意見書　　□事業主の証明 △支給開始日以前12ヵ月以内で事業所に変更があった場合は、以前の各事業所の名称、所在地、使用されていた期間がわかる書類	
出産のため会社を休み、給料を受けられないとき	健康保険 出産手当金支給申請書	□医師または助産師の意見書　　□事業主の証明 △支給開始日以前12ヵ月以内で事業所に変更があった場合は、以前の各事業所の名称、所在地、使用されていた期間がわかる書類	
出産したとき（直接支払制度を利用し、差額請求をする場合）	健康保険出産育児一時金　内払金支払依頼書	○出産費用の領収・明細書のコピー ○直接支払制度に係る代理契約に関する文書のコピー **領収・明細書に「出産年月日」「出生児数」の記載がない場合** ●医師・助産師の証明（所定欄）　●市区町村長の証明（所定欄） 上記証明が受けられない場合 ●戸籍謄（抄）本　●戸籍記載事項証明書　●登録原票記載事項証明書 ●出生届受理証明書　●母子健康手帳　●住民票	
出産したとき（直接支払制度を利用しない場合）	健康保険 出産育児一時金支給申請書	○出産費用の領収・明細書のコピー ○直接支払制度の代理契約に関する文書のコピー ●医師・助産師の証明（所定欄）　　●市区町村長の証明（所定欄） 上記証明が受けられない場合 ●母子健康手帳　　●登録原票記載事項証明書　　●戸籍謄（抄）本 ●住民票　　　　●戸籍記載事項証明書　●出生届受理証明書	
埋葬を行ったとき	健康保険 埋葬料（費）支給申請書	■事業主による死亡の証明 上記証明が受けられない場合 ●埋（火）葬許可書のコピー　●死亡診断書のコピー ●死体検案書のコピー　●検視調書のコピー ●死亡者の戸籍（除籍）謄（抄）本　●住民票 **被扶養者以外が埋葬料を申請する場合** ○住民票（死亡者と請求者記載） ○定期的な仕送りの事実がわかる預貯金通帳や現金書留のコピーまたは死亡者が請求者の公共料金等を支払ったことがわかる領収書など **埋葬費申請の場合** ○埋葬に要した領収書・明細書	

4 年金の給付

年金制度の概要

　公的年金制度には、国民年金と厚生年金保険があり、職業等によって加入する制度が異なります。

　国民年金は、全国民に共通する年金で、受けられる年金を「基礎年金」といいます。厚生年金保険には主に会社員や公務員等が加入しますが、この制度に加入する人も、その制度を通じて国民年金に加入していることとなります。

```
┌──────────────┐
│  厚生年金保険  │
└──────────────┘
┌──────────────────────────┐
│        国民年金            │
└──────────────────────────┘
```

※平成27年10月から共済年金が厚生年金保険に統一されました。

国民年金には20歳以上60歳未満の人が全員加入

　日本に住む全員に共通した年金が国民年金です。20歳以上60歳未満の全ての人に加入が義務づけられています。国民年金では、次のように加入種別を区分しています。

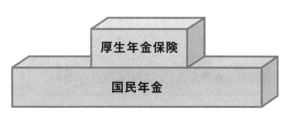

国民年金への加入の仕方

第1号被保険者	第2号被保険者	第3号被保険者
20歳以上60歳未満の自営業・学生など。	厚生年金保険の加入者。	第2号被保険者の被扶養配偶者。

受けられる年金

	第1号被保険者	第2号被保険者	第3号被保険者
老齢	老齢基礎年金	老齢厚生年金 老齢基礎年金	老齢基礎年金
障害	障害基礎年金	障害厚生年金 障害基礎年金	障害基礎年金
遺族	遺族基礎年金	遺族厚生年金 遺族基礎年金	遺族基礎年金

老齢年金を受けるには

公的年金を受けるためには、資格期間を満たすことが必要です。原則は10年以上*の加入（保険料納付等）が必要ですが、合算対象期間なども資格期間に算入することができます。

*平成29年8月よりそれまでの「25年以上」が「10年以上」に短縮されました。

老齢年金の受給要件

老齢年金を受けるためには、まず老齢基礎年金の受給資格期間を満たさなければなりません。受給資格期間を満たすには、次の「保険料納付済期間」「保険料免除期間」「合算対象期間」等の合計が10年以上（平成29年8月前は25年以上）必要です。

- **■保険料納付済期間**……　厚生年金保険等に加入していた20歳以上60歳未満の期間、国民年金保険料を納めた期間、国民年金の第3号被保険者期間。
- **■保険料免除期間**………　第1号被保険者が、保険料を納付することが困難な場合に、その支払いを免除された期間。
- **■学生納付特例期間**……　学生納付特例の承認期間。
- **■保険料納付猶予期間**…　保険料納付猶予の承認期間。
- **■合算対象期間**…………　専業主婦や学生等が、国民年金に強制加入になる前の任意加入の時期に任意加入しなかった
  （下欄参照）　　　　期間、海外在住で国民年金に任意加入しなかった期間など（これを「カラ期間」ともいいます）を指します。この期間は文字どおり空の期間で、老齢基礎年金の受給資格期間には算入されますが、年金額を計算する上では対象になりません。

合算対象期間（カラ期間）とは

現行の年金法前に国民年金に任意加入とされていた期間等で、実際の年金額に反映されないことから「カラ期間」と通称されています。受給資格期間を保険料納付済期間や厚生年金保険などの加入期間で満たせない人への救済措置といえます。

国民年金がスタートした昭和36年4月1日以後の期間で

① 厚生年金保険・共済組合などの被保険者（加入者）の配偶者で、昭和61年3月以前に任意加入しなかった期間（一般的には昭和61年3月までの婚姻期間のうち20歳以上60歳未満の期間）

② 厚生年金保険（共済組合など）加入期間のうち、20歳未満の期間及び60歳以後の期間

③ 昭和61年4月1日前に厚生年金保険などの脱退手当金を受けた昭和36年4月以降の期間（昭和61年4月以降に保険料納付済期間や免除期間のある人）

④ 海外居住期間のうち20歳以上60歳未満の期間

⑤ 平成3年3月末までの期間のうち、20歳以上の昼間部の学生で任意加入しなかった期間

⑥ 在日外国人のうち一定範囲の人の昭和57年1月1日前の期間

⑦ 国民年金に任意加入したが、保険料を納めなかった60歳未満の期間（平成26年4月から算入）

など

■厚生年金保険等の加入期間がある人は、次のとおり受給資格期間を満たしていた場合もあります。（中高齢の特例）。

昭和31年4月1日以前生まれの人で被用者年金制度の加入期間が20～24年以上ある

生年月日	期間
昭和27.4.1 以前生まれ	20年
昭和27.4.2～28.4.1	21年
昭和28.4.2～29.4.1	22年
昭和29.4.2～30.4.1	23年
昭和30.4.2～31.4.1	24年

≦　厚生年金保険加入期間　＋　共済組合等加入期間

|||| NO

昭和26年4月1日以前生まれの人で厚生年金保険の加入期間が15～19年以上ある

生年月日	期間
昭和22.4.1 以前生まれ	15年
昭和22.4.2～23.4.1	16年
昭和23.4.2～24.4.1	17年
昭和24.4.2～25.4.1	18年
昭和25.4.2～26.4.1	19年

≦　40歳（女性35歳）以後の厚生年金保険加入期間

※厚生年金保険の加入期間等には離婚等時の分割による「みなし被保険者期間」は含みません。
※坑内員、漁船員、共済組合員期間などの特例に該当する人は別の基準で資格期間を満たすことがあります。

老齢年金の支給開始時期

　老齢基礎年金、老齢厚生年金ともに、現在の法律上の支給開始年齢は65歳からです。ただし、厚生年金保険に1年以上加入していた人は、65歳前に老齢厚生年金（特別支給）を受けられることがあります。この65歳前の老齢厚生年金の支給開始年齢は、生年月日によって異なります。

性別・生年月日によって異なる支給開始年齢

※被用者年金一元化後も、公務員・私学教職員期間に係る特別支給の老齢厚生年金の支給開始年齢は従来どおり男女同じです。

■60歳代前半に報酬比例部分相当または定額部分と報酬比例部分の年金が支給される期間があります

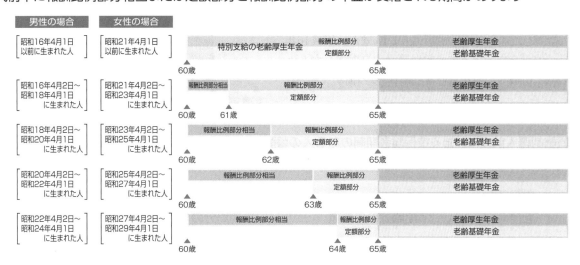

■60歳代前半に報酬比例部分相当の老齢厚生年金が支給される期間があります（定額部分の年金はありません）

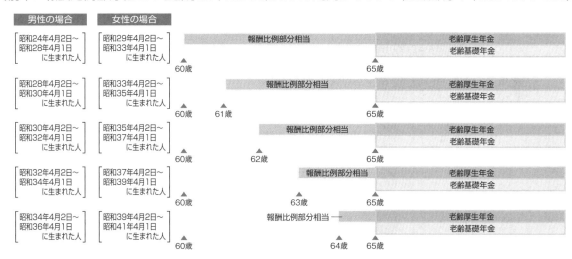

■65歳から老齢厚生年金と老齢基礎年金が支給されます（60歳代前半の老齢厚生年金はありません）

●上記の支給開始年齢が適用されない特例

　特例により、定額部分の支給開始年齢が上記と異なる場合があります。次の方の場合、報酬比例部分相当が支給されると、定額部分、加給年金額についても支給開始となります。

●障害等級1級～3級の程度に該当し退職している障害者
※加給年金額は条件を満たしている場合のみ支給されます。

●厚生年金保険の被保険者期間が44年以上で退職している長期加入者
※昭和28年（女性は33年）4月2日以後に生まれた長期加入者は、報酬比例部分の引上げと連動して定額部分も段階的に引き上げられます。

●坑内員・船員であった被保険者期間が15年以上ある者
※昭和21年4月2日以後に生まれた人から、定額部分・報酬比例部分ともに段階的に60歳へと引き上げられています。
※昭和33年4月2日以後に生まれた人から、定額部分・報酬比例部分ともに段階的に65歳へと引き上げられます。

60歳からの老齢給付

　60歳代前半に受けられる老齢厚生年金のうち、報酬比例部分は、加入中の報酬額を再評価したものと加入期間により次のように計算されます。定額部分は、報酬に比例せず、加入期間により計算されます。

報酬比例部分・老齢厚生年金の計算

　65歳からの老齢厚生年金と65歳前に受けられる人がいる報酬比例部分の計算方法は同じで、次のように計算されます。賞与にも月々の保険料と同率の保険料率が適用される総報酬制が導入された平成15年4月を境として、前後でそれぞれ計算した額を合算した額となります。また、平成16年改正前の水準を保障する従前額保障（次頁参照）があり、従前の式で計算した額が高い場合には、その額が支給されます。

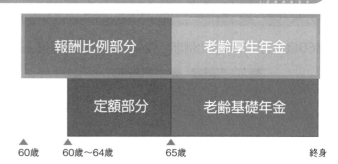

■総報酬制導入前後にわたる被保険者期間のある人の報酬比例部分の「本来の」計算式
（報酬比例部分相当の老齢厚生年金も報酬比例部分も65歳からの老齢厚生年金も計算方法は同じです）

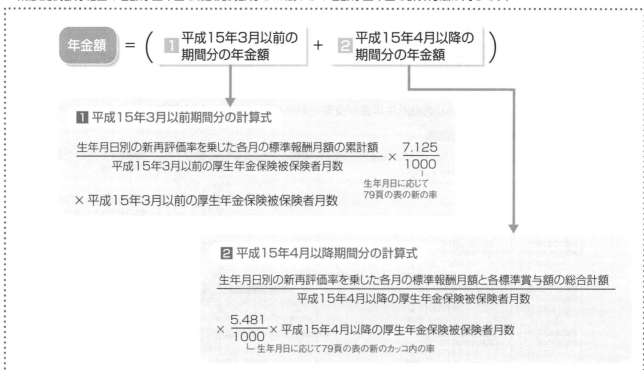

標準報酬の再評価

　年金額は、厚生年金保険に加入中の標準報酬月額・標準賞与額をもとに計算しますが、過去の標準報酬をそのまま計算に使用すると現在と価値が大きく異なってしまいます。そこで、過去の標準報酬（標準賞与）を現在あるいは定めた時点の価値（賃金水準）に置き換える再評価をします。

　再評価は、各月の標準報酬月額または標準賞与額に期間ごと定められた再評価率を乗じることで行われます。再評価率には、生年月日別の本来水準の率（新再評価率）と、従前額保障の計算に用いられる平成6年改正水準の率（旧再評価率）があります。

　例えば昭和50年4月の11万円は、そのまま使用すると低い価値になってしまいますが、再評価すると、約27万円となります。

　年金額の計算は、再評価後の標準報酬の平均をもとに計算します。

平成16年改正前の水準で計算した額が高い場合には従前額を保障

平成16年改正で年金の計算が変更されましたが、改正前の計算方法で計算した額が高くなる場合には、改正前の水準の従前額が保障されます。次の計算式で、本来の年金額と従前額で再評価率が異なるため、それぞれを計算し、高い額が支給されます。

■本来の年金額
[給付乗率は新の率、再評価率は毎年度改定]（前年度額保障の特例もあります）

平成15年3月以前の被保険者期間

$\frac{9.5}{1000} \sim \frac{7.125}{1000}$ —79頁の新

新再評価率*により計算した平均標準報酬月額 × 新給付乗率 × 被保険者月数

＋

平成15年4月以降の被保険者期間

$\frac{7.308}{1000} \sim \frac{5.481}{1000}$ —79頁の新カッコ内

新再評価率*により計算した平均標準報酬額 × 新給付乗率 × 被保険者月数

*新再評価率：毎年度改定される再評価率。マクロ経済スライドによる改定あるいは物価スライド・名目手取り賃金を加味した再評価率。

平均標準報酬月額
（総報酬制前の月給の平均）

$$\frac{再評価率を乗じた平成15年3月以前の各月の標準報酬月額の累計額}{平成15年3月以前の厚生年金保険加入月数}$$

平均標準報酬額
（総報酬制後の賞与と月給の平均）

$$\frac{再評価率を乗じた平成15年4月以降の各月の標準報酬月額と標準賞与額の累計額}{平成15年4月以降の厚生年金保険加入月数}$$

どちらか高い方が支給されます

■従前保障額 [給付乗率は旧の率、再評価率は平成6年水準]

平成15年3月以前の被保険者期間

$\frac{10}{1000} \sim \frac{7.5}{1000}$ —79頁の旧

旧再評価率*により計算した平均標準報酬月額 × 旧給付乗率 × 被保険者月数

＋

平成15年4月以降の被保険者期間

$\frac{7.692}{1000} \sim \frac{5.769}{1000}$ —79頁の旧カッコ内

旧再評価率*により計算した平均標準報酬額 × 旧給付乗率 × 被保険者月数

1.043：令和6年度

× 従前額改定率

※昭和13年4月1日以前生まれの方の従前額改定率は1.041

*旧再評価率：平成6年改正時の再評価率。平成6年以降の期間については平成6年水準に再評価する。

⇒ 厚生年金基金に加入した人は、厚生年金基金から支給

65歳からの老齢厚生年金と65歳前に受けられる人がいる報酬比例部分は、厚生年金基金が公的年金を代行支給している部分です。厚生年金基金に加入した期間に対するこの部分の年金は、厚生年金基金から支給されます。

ただし、厚生年金基金が解散した場合や代行返上している場合には国から支給されます。

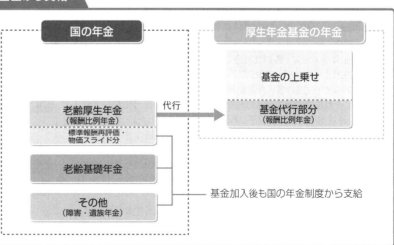

定額部分は被保険者期間に応じた年金

定額部分の年金は、厚生年金保険等に1年以上加入していた昭和24年4月1日以前生まれの男性、昭和29年4月1日以前生まれの女性が65歳になる前（71頁参照）に受けられる年金です。65歳からは老齢基礎年金に切り替わります。また、老齢基礎年金額を超えていた額が経過的加算（81頁参照）として支給されます。

定額部分の年金額は、厚生年金被保険者期間中の報酬に関係なく、厚生年金被保険者期間に応じて下記のように計算されます。

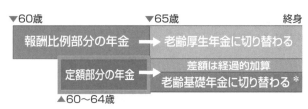

*国民年金の第1号被保険者・第3号被保険者の期間がある人はその分が加算されます。

■定額部分の計算式

〈新規裁定者（昭和31年4月2日以後生まれ）〉

年金額 ＝ 1,701円 × 読替率 × 被保険者月数

- 1,628円×1.045
  ※1.045は令和6年度の改定率
  （基礎年金等の改定率と同じ）
- 生年月日に応じて79頁の表の率
- 生年月日により上限あり（下表）

〈既裁定者（昭和31年4月1日以前生まれ）〉

年金額 ＝ 1,696円 × 読替率 × 被保険者月数

- 1,628円×1.042
  ※1.042は令和6年度の改定率
  （基礎年金等の改定率と同じ）
- 生年月日に応じて79頁の表の率
- 生年月日により上限あり（下表）

被保険者期間の上限は480月

平成16年年金改正において、定額部分の年金額の計算に反映される被保険者期間の上限が、生年月日に応じて右表のとおりとなりました。

生年月日	上限月数
昭和 9年4月2日〜昭和19年4月1日	444月（37年）
昭和19年4月2日〜昭和20年4月1日	456月（38年）
昭和20年4月2日〜昭和21年4月1日	468月（39年）
昭和21年4月2日〜	480月（40年）

⇒ 老齢厚生年金の定額部分と老齢基礎年金

昭和60年改正において、それまで分立された制度であった国民年金や厚生年金などに、各制度共通の横断的な仕組みとして基礎年金が導入されました。そして現在のように全員に共通する年金制度として国民年金が存在し、各人が基礎年金を受け取るようになりました。

一方、それまでの厚生年金は報酬比例部分と定額部分で構成されており、一般男子は60歳、女子は55歳からの支給でした。

そこで、基礎年金導入により従来の定額部分は基礎年金（65歳から支給）に移行、60歳から65歳までは特別支給の老齢厚生年金として、報酬比例部分と定額部分を支給することとなりました。この時点で、女子の支給開始年齢を段階的に60歳に引き上げることとしています。

その後、平成元年改正での検討などを経て、平成6年改正にて定額部分の支給開始年齢を段階的に65歳に引き上げられることが決まり、現在に至ります。

■年金制度の変遷

昭和29年	厚生年金が定額部分と報酬比例部分の二本だてとされる
昭和60年	全員共通の基礎年金を導入。国民年金を共通の制度とする。65歳までの老齢厚生年金は特別支給の老齢厚生年金に、女子の支給開始年齢を60歳に順次引き上げ
平成6年	定額部分の支給開始を65歳に順次引き上げ
平成12年	報酬比例部分の支給開始を65歳に順次引き上げ

加給年金額

　加給年金額は、65歳前から受けられる老齢厚生年金のうち、定額部分が受けられる年齢になったときや、老齢基礎年金が受けられるようになったときに生計を維持する配偶者や子がいる場合に支給される加算額です。

加給年金額の対象となる配偶者・子とは

　加給年金額は、厚生年金保険の被保険者期間が20年以上（または70頁の男性40歳（女性35歳）以後の15〜19年の特例の期間）ある人が、定額部分や老齢基礎年金を受けられるようになった当時、生計維持関係にある65歳未満の配偶者または子*がいる場合に加算されます。

　なお、配偶者自身に恒常的な年収が850万円以上あると

加給年金額は加算されません。配偶者自身が障害年金や加入期間20年以上（または中高齢の特例期間15〜19年）の老齢厚生年金などを受けられるときは、支給停止されます。

*「子」とは、未婚で「18歳到達年度の末日までの子」「20歳未満で1、2級の障害状態にある子」をいいます。

昭和24年（女性は29年）4月1日以前に生まれた人の場合

加給年金額が加算されるのは定額部分の年金が支給される時点から、配偶者が65歳になるまで。または、配偶者自身が老齢厚生年金等（20年以上厚生年金保険に加入）を受けられるようになるまでの間です。

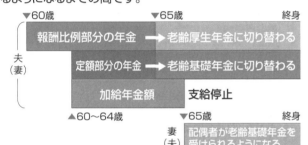

昭和24年（女性は29年）4月2日以後に生まれた人の場合

加給年金額が加算されるのは老齢基礎年金が支給される65歳から配偶者が65歳になるまでの間です。

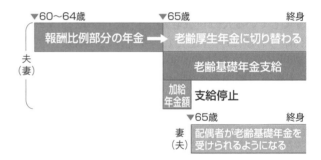

加給年金額は

　加給年金額は、毎年度改定される定額です。昭和9年4月2日以後に生まれた人に対する配偶者にかかる加給年金額の加算は、特別加算額を加えた額になります。

■加給年金額　令和6年度

対象者	加給年金額
配偶者・子（1・2人目）	234,800円
子（3人目以降）	78,300円

■配偶者特別加算額　令和6年度

受給権者の生年月日	配偶者特別加算額	加給年金額との合計
昭和 9年4月2日〜昭和15年4月1日	34,700円	269,500円
昭和15年4月2日〜昭和16年4月1日	69,300円	304,100円
昭和16年4月2日〜昭和17年4月1日	104,000円	338,800円
昭和17年4月2日〜昭和18年4月1日	138,600円	373,400円
昭和18年4月2日以後	173,300円	408,100円

加給年金額の改定

　加給年金額の対象者が、次の①〜⑩のいずれかに該当したときは、対象者から除外され、該当した月の翌月から該当した者にかかる加給年金額が減額されます。

①死亡したとき
②受給権者による生計維持の状態が止んだとき
③配偶者が離婚したとき
④配偶者が65歳に達したとき（大正15年4月1日以前生まれの者は除く）
⑤子が養子縁組によって受給権者以外の者の養子となったとき
⑥養子縁組による子が離縁をしたとき
⑦子が婚姻をしたとき
⑧子（障害等級の1級または2級に該当する障害の状態にある子を除く）が18歳に達した日以後の最初の3月31日が終了したとき
⑨障害等級の1級または2級に該当する障害の状態にある子（18歳に達した日以後の最初の3月31日までの間にある子を除く）について、その事情がやんだとき
⑩子が20歳に達したとき

60歳代前半の在職老齢年金

年金を受けながら働く人は、収入や年金額によって年金の一部または全部が支給調整（停止）されます。

在職老齢年金とは

　60歳以上で老齢年金を受給している人が、働いて厚生年金保険に加入する場合、年金と働いて得る収入の総額によって、年金額の一部、または全部が支給停止されることがあります。このしくみを在職老齢年金といいます。

　在職老齢年金の支給調整のしくみは、年金を受給している人が65歳未満の場合と、65歳以上の場合とで異なります。

● 在職老齢年金の対象になる方

❶ 年金を受給する資格がある

❷ 会社などに勤めて、厚生年金保険に加入している

> **厚生年金保険に加入しない場合は、支給調整はありません**
>
> 　在職老齢年金の支給調整があるのは、年金を受給しながら厚生年金保険の被保険者となる場合のみです。個人事業主や、会社に勤めても「勤務日数や時間が一般社員の4分の3未満」などで厚生年金保険に加入しない場合は、支給調整はありません。

60歳以上65歳未満の人の在職老齢年金のしくみ

　60歳以上65歳未満で特別支給の老齢厚生年金を受給している人の在職老齢年金は、「基本月額」と、給与月額に月割にした賞与を加えた「総報酬月額相当額」の合計額が50万円を超える場合に、年金額が支給調整されます。50万円未満の場合は、年金は全額支給されます。

※加給年金額を受給できる要件を満たしている場合、年金が一部でも支給される場合は加給年金額も加算されますが、年金が全額支給停止になると加給年金額も全額支給停止になります。

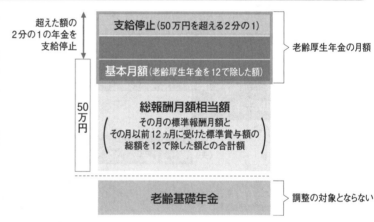

■基本月額と総報酬月額相当額

基本月額	老齢厚生年金の額（加給年金額を除く）÷ 12	※厚生年金基金加入者の場合、基金の代行部分も加える
総報酬月額相当額	その月の給与（標準報酬月額）＋ その月以前の1年間の賞与（標準賞与額）の総額 ÷ 12	

総報酬月額相当額とは

　支給調整額を計算する際に用いる総報酬月額相当額は、「その月の給与（標準報酬月額）に、その月以前1年間に受けた賞与（標準賞与額）の12分の1を加えたもの」です。該当する月の給与だけではなく、1年間に受けた賞与も支給調整額を決める際に関係することとなります。

　これは、月給が低く賞与が高い人や、年俸制の人など様々な賃金形態がある中で、不公平が生じないよう、年収をベースに計算することによります。賞与と総報酬月額相当額の関係は下図のようになり、総報酬月額相当額は前1年間の賞与により変動することがあります。

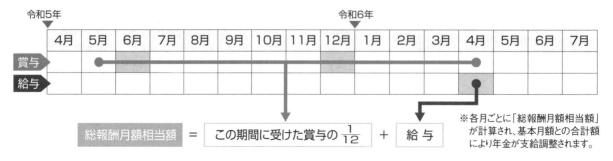

60歳以上65歳未満の在職老齢年金【支給される年金月額の計算式】

$$\boxed{年金月額} = 基本月額 - (総報酬月額相当額 + 基本月額 - 50万円) \times \frac{1}{2}$$

※実際には年額で計算して端数処理を行います。

■60歳以上65歳未満の人に支給される在職老齢年金の目安 単位：万円

基本月額	総報酬月額相当額					
	20万円	25万円	30万円	40万円	45万円	50万円
4万円	4.0	4.0	4.0	4.0	4.0	2.0
6万円	6.0	6.0	6.0	6.0	5.5	3.0
8万円	8.0	8.0	8.0	8.0	6.5	4.0
10万円	10.0	10.0	10.0	10.0	7.5	5.0
12万円	12.0	12.0	12.0	11.0	8.5	6.0
14万円	14.0	14.0	14.0	12.0	9.5	7.0
16万円	16.0	16.0	16.0	13.0	10.5	8.0

令和4年4月から支給停止の基準が変わりました

　60歳以上65歳未満に支給される特別支給の老齢厚生年金を対象とした在職老齢年金は、令和4年3月までは基本月額と総報酬月額相当額の合計が28万円を超えると支給停止がかかり、基本月額が28万円を超える、または総報酬月額相当額が47万円を超えるとさらに支給停止がかかるしくみでした。

　令和4年4月からは法改正により支給停止の基準が65歳以上と同じ47万円*に緩和されました。

＊令和6年4月からは50万円

⇒ 厚生年金基金に加入した人は、厚生年金基金から支給

　厚生年金基金に加入した人は、報酬比例部分の年金が厚生年金基金から支給されます。ただし、在職老齢年金の計算では、厚生年金基金に加入した期間に対する老齢厚生年金（代行部分）も含め計算します（基本月額に厚生年金基金代行分も含めます）。

　支給停止は、国から支給される老齢厚生年金からかかります。支給停止額が国の老齢厚生年金を超えた場合には、厚生年金基金から支給される年金について調整がかかりますが、厚生年金基金ごと支給調整の取り扱いは異なります。

退職後1ヵ月経過すると年金額が改定される

　60歳以上で働いて厚生年金保険の被保険者であった人が退職し、1ヵ月以内に再就職しないときには、在職していた間の被保険者期間等を含めて年金額が再計算され、退職した月の翌月分から改定されます。退職後1ヵ月以内に再就職した場合は、年金額の再計算は行われません。

　厚生年金保険の被保険者として65歳に達したときは、在職中でも年金額の再計算が行われます。

　また、65歳以上も厚生年金保険の被保険者として働く場合には、退職時または70歳到達時に年金額が改定されるほか、毎年10月に年金額が改定されます（在職定時改定※令和4年4月から）。

●年金額が改定されるとき

- ●退職したとき（1ヵ月以内に再就職しないとき）
- ●65歳に達したとき
- ●65歳以上70歳未満の毎年10月（在職定時改定）
- ●70歳に達したとき

雇用保険の給付と年金の調整

　老齢年金は主に引退した人への所得保障、雇用保険の給付は働こうという人への所得保障と、その目的が異なること、また重複支給は社会保障として過剰となることなどから、雇用保険法の給付を受けている間は、雇用保険の給付を優先し、老齢年金が支給調整されます。

失業給付（基本手当）と年金の調整

　求職者給付の基本手当（いわゆる失業給付）を受けている間は、老齢厚生年金は全額支給停止されます。届出は原則不要ですが、日本年金機構へ雇用保険被保険者番号を届出していない場合は年金事務所に届出を要します。

●調整の対象となる期間と事後精算

　年金が支給停止になるのは、求職の申し込みをした日の属する月の翌月から、失業給付の受給期間が経過した日（受給満了日の翌日）の属する月または給付日数分の給付を受け終わった日（最後の失業認定日）の属する月までで、これを「調整対象期間」といいます。

　調整対象期間に「失業給付を受けたとみなされる日」または「それに準ずる日」が1日でもあると、その月の年金は全額支給停止されます。ただし、支給停止が過剰にならないよう、受給期間満了後に事後精算をします。また、調整対象期間中に失業給付を受けたとみなされる日等が1日もない月については、約3ヵ月後にその月の年金が支給されます。

■調整対象期間中の年金支給・停止の例

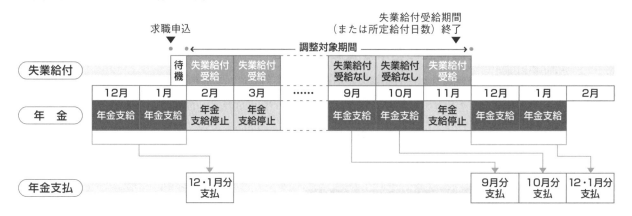

高年齢雇用継続給付と年金の調整

　高年齢雇用継続給付（基本給付金・再就職給付金）を受けている間は、在職老齢年金による支給調整に加えて、標準報酬月額の最高6％に相当する額の年金が支給停止されます。届出は原則不要ですが、日本年金機構へ雇用保険被保険者番号を届出していない場合は年金事務所に届出を要します。

■高年齢雇用継続給付の支給率と年金停止率の早見表（概算値）

賃金割合	雇用支給率	年金停止率	賃金割合	雇用支給率	年金停止率	賃金割合	雇用支給率	年金停止率	賃金割合	雇用支給率	年金停止率
75%以上	0.00%	0.00%	71.00%	3.68%	1.47%	67.00%	7.80%	3.12%	63.00%	12.45%	4.98%
74.50%	0.44%	0.18%	70.50%	4.17%	1.67%	66.50%	8.35%	3.34%	62.50%	13.07%	5.23%
74.00%	0.88%	0.35%	70.00%	4.67%	1.87%	66.00%	8.91%	3.56%	62.00%	13.70%	5.48%
73.50%	1.33%	0.53%	69.50%	5.17%	2.07%	65.50%	9.48%	3.79%	61.50%	14.35%	5.74%
73.00%	1.79%	0.72%	69.00%	5.68%	2.27%	65.00%	10.05%	4.02%	61%未満	15.00%	6.00%
72.50%	2.25%	0.90%	68.50%	6.20%	2.48%	64.50%	10.64%	4.26%			
72.00%	2.72%	1.09%	68.00%	6.73%	2.69%	64.00%	11.23%	4.49%			
71.50%	3.20%	1.28%	67.50%	7.26%	2.90%	63.50%	11.84%	4.73%			

※高齢雇用継続給付の支給は月額賃金で計算され、年金停止率は標準報酬月額で計算されます。

生年月日と支給乗率等一覧表

（金額は令和6年度の額）

生　年　月　日	老齢基礎年金		老　齢　厚　生　年　金						
	妻の振替加算の乗率	妻の振替加算額（年額）	定額部分の読替率	定額上限月数	報酬比例部分の乗率(新)（カッコ)内は総報酬制導入後	報酬比例部分の乗率(旧)（カッコ)内は総報酬制導入後	男子の支給開始年齢	女子の支給開始年齢	配偶者の加給年金額（年額）（含・特別加算）
大正15年4月1日以前	旧制度の老齢年金または通算老齢年金が支給されます								
大正15年4月2日～昭和 2年4月1日	1.000	234,800円	1.875	420月	千分の9.500 (7.308)	千分の10 (7.692)	60歳	55歳	234,800円
昭和 2年4月2日～昭和 3年4月1日	0.973	228,460円	1.817	〃	9.367(7.205)	9.86(7.585)	〃	〃	〃
昭和 3年4月2日～昭和 4年4月1日	0.947	222,356円	1.761	〃	9.234(7.103)	9.72(7.477)	〃	〃	〃
昭和 4年4月2日～昭和 5年4月1日	0.920	216,016円	1.707	432月	9.101(7.001)	9.58(7.369)	〃	〃	〃
昭和 5年4月2日～昭和 6年4月1日	0.893	209,676円	1.654	〃	8.968(6.898)	9.44(7.262)	〃	〃	〃
昭和 6年4月2日～昭和 7年4月1日	0.867	203,572円	1.603	〃	8.845(6.804)	9.31(7.162)	〃	〃	〃
昭和 7年4月2日～昭和 8年4月1日	0.840	197,232円	1.553	〃	8.712(6.702)	9.17(7.054)	〃	56歳	〃
昭和 8年4月2日～昭和 9年4月1日	0.813	190,892円	1.505	〃	8.588(6.606)	9.04(6.954)	〃	〃	〃
昭和 9年4月2日～昭和10年4月1日	0.787	184,788円	1.458	444月	8.465(6.512)	8.91(6.854)	〃	57歳	269,500円
昭和10年4月2日～昭和11年4月1日	0.760	178,448円	1.413	〃	8.351(6.424)	8.79(6.762)	〃	〃	〃
昭和11年4月2日～昭和12年4月1日	0.733	172,108円	1.369	〃	8.227(6.328)	8.66(6.662)	〃	58歳	〃
昭和12年4月2日～昭和13年4月1日	0.707	166,004円	1.327	〃	8.113(6.241)	8.54(6.569)	〃	〃	〃
昭和13年4月2日～昭和14年4月1日	0.680	159,664円	1.286	〃	7.990(6.146)	8.41(6.469)	〃	59歳	〃
昭和14年4月2日～昭和15年4月1日	0.653	153,324円	1.246	〃	7.876(6.058)	8.29(6.377)	〃	〃	〃
昭和15年4月2日～昭和16年4月1日	0.627	147,220円	1.208	〃	7.771(5.978)	8.18(6.292)	〃	60歳	304,100円
昭和16年4月2日～昭和17年4月1日	0.600	140,880円	1.170	〃	7.657(5.890)	8.06(6.200)	61歳	〃	338,800円
昭和17年4月2日～昭和18年4月1日	0.573	134,540円	1.134	〃	7.543(5.802)	7.94(6.108)	〃	〃	373,400円
昭和18年4月2日～昭和19年4月1日	0.547	128,436円	1.099	〃	7.439(5.722)	7.83(6.023)	62歳	〃	408,100円
昭和19年4月2日～昭和20年4月1日	0.520	122,096円	1.065	456月	7.334(5.642)	7.72(5.938)	〃	〃	〃
昭和20年4月2日～昭和21年4月1日	0.493	115,756円	1.032	468月	7.230(5.562)	7.61(5.854)	63歳	〃	〃
昭和21年4月2日～昭和22年4月1日	0.467	109,652円	1.000	480月	7.125(5.481)	7.50(5.769)	〃	61歳	〃
昭和22年4月2日～昭和23年4月1日	0.440	103,312円	〃	〃	〃	〃	64歳	〃	〃
昭和23年4月2日～昭和24年4月1日	0.413	96,972円	〃	〃	〃	〃	〃	62歳	〃
昭和24年4月2日～昭和25年4月1日	0.387	90,868円	〃	〃	〃	〃	65歳	〃	〃
昭和25年4月2日～昭和26年4月1日	0.360	84,528円	〃	〃	〃	〃	〃	63歳	〃
昭和26年4月2日～昭和27年4月1日	0.333	78,188円	〃	〃	〃	〃	〃	〃	〃
昭和27年4月2日～昭和28年4月1日	0.307	72,084円	〃	〃	〃	〃	〃	64歳	〃
昭和28年4月2日～昭和29年4月1日	0.280	65,744円	〃	〃	〃	〃	61歳	〃	〃
昭和29年4月2日～昭和30年4月1日	0.253	59,404円	〃	〃	〃	〃	〃	65歳	〃
昭和30年4月2日～昭和31年4月1日	0.227	53,300円	〃	〃	〃	〃	62歳	〃	〃
昭和31年4月2日～昭和32年4月1日	0.200	46,960円	〃	〃	〃	〃	〃	〃	〃
昭和32年4月2日～昭和33年4月1日	0.173	40,620円	〃	〃	〃	〃	63歳	〃	〃
昭和33年4月2日～昭和34年4月1日	0.147	34,516円	〃	〃	〃	〃	〃	61歳	〃
昭和34年4月2日～昭和35年4月1日	0.120	28,176円	〃	〃	〃	〃	64歳	〃	〃
昭和35年4月2日～昭和36年4月1日	0.093	21,836円	〃	〃	〃	〃	〃	62歳	〃
昭和36年4月2日～昭和37年4月1日	0.067	15,732円	〃	〃	〃	〃	65歳	〃	〃
昭和37年4月2日～昭和38年4月1日	〃	15,732円	〃	〃	〃	〃	〃	63歳	〃
昭和38年4月2日～昭和39年4月1日	〃	15,732円	〃	〃	〃	〃	〃	〃	〃
昭和39年4月2日～昭和40年4月1日	〃	15,732円	〃	〃	〃	〃	〃	64歳	〃
昭和40年4月2日～昭和41年4月1日	〃	15,732円	〃	〃	〃	〃	〃	〃	〃
昭和41年4月2日以後	－	－	－	－	〃	〃	〃	65歳	〃

※振替加算額は受ける配偶者の年齢でみてください。
※配偶者の加給年金額の欄のうち、昭和9年4月2日以降は配偶者特別加算額を加えた額です。
※定額部分は、1,628円に改定率と読替率を乗じます。
※老齢厚生年金の支給開始年齢の黒字は定額部分（老齢基礎年金）、青字は報酬比例部分（老齢厚生年金）の支給開始年齢です。

65歳からの老齢給付

　65歳は、現行年金制度の原則の支給開始年齢といえます。昭和60年改正で「国民年金からの基礎年金が導入され、厚生年金の定額部分が基礎年金に65歳で移行する」ことになりました。平成6年改正で「定額部分の支給開始年齢を65歳へ段階的に引き上げる」ことが決まり、平成12年改正で「報酬比例部分を65歳へ段階的に引き上げる」ことが決まりました。

　これにより、老齢年金の支給開始年齢は65歳となりました。現在は、支給開始年齢を段階的に引き上げている途中になります。

65歳で年金が切り替わる

　国の老齢年金の支給開始は原則として65歳からですが、厚生年金保険の被保険者期間が1年以上ある人は、生年月日により65歳になる前に定額部分や報酬比例部分の年金を受けられます（71頁参照）。

　65歳になると、「定額部分」の年金を受けていた人は「老齢基礎年金」に切り替わるとともに、国民年金の第1号被保険者や第3号被保険者期間のある人は、その加入期間にかかる老齢基礎年金も加算されることとなります。「報酬比例部分」は65歳になると「老齢厚生年金」に切り替わります。

65歳前に報酬比例部分と定額部分が受けられる人	65歳前に報酬比例部分（相当）が受けられる人	65歳から老齢基礎年金と老齢厚生年金が受けられる人
男性　S16.4.2～S24.4.1生まれ 女性　S21.4.2～S29.4.1生まれ	男性　S24.4.2～S36.4.1生まれ 女性　S29.4.2～S41.4.1生まれ	男性　S36.4.2以後生まれ 女性　S41.4.2以後生まれ

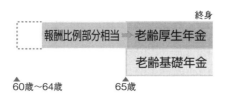

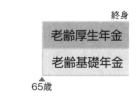

老齢厚生年金の計算式

■老齢厚生年金の「本来の計算式」／従前額保障もあります（73頁参照）
　（65歳未満の報酬比例部分も計算方法は同じです）

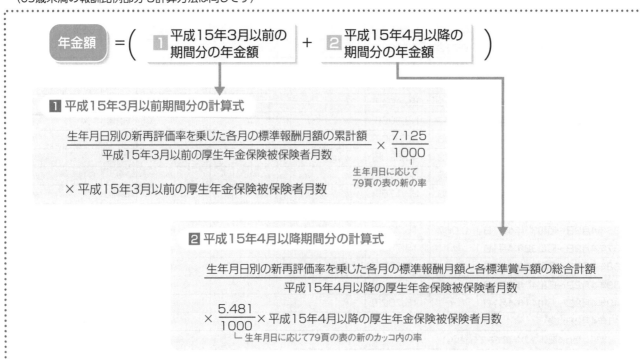

年金額 ＝（ **1** 平成15年3月以前の期間分の年金額 ＋ **2** 平成15年4月以降の期間分の年金額 ）

1 平成15年3月以前期間分の計算式

$$\frac{\text{生年月日別の新再評価率を乗じた各月の標準報酬月額の累計額}}{\text{平成15年3月以前の厚生年金保険被保険者月数}} \times \frac{7.125}{1000}$$

（生年月日に応じて79頁の表の新の率）

$$\times \text{平成15年3月以前の厚生年金保険被保険者月数}$$

2 平成15年4月以降期間分の計算式

$$\frac{\text{生年月日別の新再評価率を乗じた各月の標準報酬月額と各標準賞与額の総合計額}}{\text{平成15年4月以降の厚生年金保険被保険者月数}}$$

$$\times \frac{5.481}{1000} \times \text{平成15年4月以降の厚生年金保険被保険者月数}$$

（生年月日に応じて79頁の表の新のカッコ内の率）

老齢基礎年金額の計算方法

老齢基礎年金は、20歳から60歳に達するまでの40年（480月）保険料を納めた場合に満額の年金額が支給され、保険料免除期間や未納期間がある場合、その月数に応じて減額されます。

ただし、国民年金制度は昭和36年4月に創設（保険料の納付開始）されたので、昭和16年4月1日までに生まれた人の場合、制度発足の時点ですでに20歳以上であるため、60歳になるまでに480月の保険料を納付することができません。そこで、生年月日別に加入可能年数が定められており、加入可能年数（×月数）についてすべて保険料を納めていれば、480月保険料を納めたとみなされ、満額の老齢基礎年金（令和6年度は816,000円）が支給されます。

$$816{,}000円 \times \frac{保険料納付済月数 + 保険料全額免除月数\times1/2 + 保険料半額免除月数\times3/4 + 保険料3/4免除月数\times5/8 + 保険料1/4免除月数\times7/8}{480月}$$

昭和16.4.1以前に生まれた人は　加入可能年数×12月

※保険料免除月数について、基礎年金の国庫負担を2分の1に引き上げる前の平成21年3月以前の期間は1/3〜5/6となります。

■生年月日別の加入可能年数（カッコ内は月数）

昭和 9.4.2〜昭和10.4.1	33年(396月)	昭和13.4.2〜昭和14.4.1	37年(444月)
昭和10.4.2〜昭和11.4.1	34年(408月)	昭和14.4.2〜昭和15.4.1	38年(456月)
昭和11.4.2〜昭和12.4.1	35年(420月)	昭和15.4.2〜昭和16.4.1	39年(468月)
昭和12.4.2〜昭和13.4.1	36年(432月)	昭和16.4.2〜	40年(480月)

⇒ 保険料納付済月数には厚生年金保険の加入期間を含みます

保険料納付済月数…国民年金保険料を納めた期間、厚生年金保険等に加入した20歳以上60歳未満の期間、国民年金の第3号被保険者期間

保険料免除月数…国民年金保険料の全額免除・半額免除等の月数
※学生納付特例制度・保険料の納付猶予制度の期間は資格期間には含まれますが、計算期間には含まれません。

定額部分または老齢基礎年金が支給される時期から加給年金額が加算

厚生年金被保険者期間が20年（240月）以上、または40歳（女性は35歳）からの厚生年金被保険者期間が15年〜19年以上ある年金受給権者に恒常的年収850万円未満の配偶者、18歳未満の子（18歳に到達した年度末まで）等がある場合、定額部分または老齢基礎年金が支給される時期から加給年金額が併せて支給されます（75頁参照）。

経過的加算額（定額部分の年金額と老齢基礎年金額の差額）

65歳からの年金額は、65歳前の定額部分に相当するものが老齢基礎年金となりますが、定額部分の方が額が高い人には、経過的加算があります。これは、定額部分は生年月日に応じた高い率があること、厚生年金保険被保険者期間のうちの20歳前の期間と60歳以後の期間は老齢基礎年金の額の対象とされないことなどによるものです。具体的には定額部分に相当する額から、その人の厚生年金保険の被保険者期間について支給される老齢基礎年金の額を差し引いた額が経過的加算額として支給されます。

$$\underset{（74頁参照）}{定額部分の年金額} - \underset{（満額の老齢基礎年金額）}{816{,}000円} \times \frac{昭和36年4月以後で20歳以上60歳未満の厚生年金保険被保険者月数}{加入可能年数\times12（月）}$$

加給年金額の対象者が65歳になると振替加算に切り替わる

加給年金額（75頁参照）が加算されている人の加給年金額対象の配偶者自身が65歳になり老齢基礎年金の受給権を得ると、加給年金額は打ち切りとなります。このとき、昭和41年4月1日以前生まれの配偶者の老齢基礎年金に、振替加算として生年月日に応じた額（234,800円〜15,732円:令和6年度の額）が加算されます（振替加算額は79頁参照）。

65歳からの在職老齢年金

年金を受けながら働く人は、収入や年金額によって年金の一部または全部が支給調整（停止）されます。また令和4年度より、65歳以上で在職した分、毎年定時（10月）に年金が増額されるようになっています。

65歳以上の人の在職老齢年金のしくみ

65歳になると、老齢厚生年金と老齢基礎年金が受けられますが、支給調整の対象となるのは老齢厚生年金で、老齢基礎年金は全額支給されます。また、経過的加算が支給される場合は、経過的加算も全額支給されます。

在職による支給調整は、基本月額（加給年金額・経過的加算を除く老齢厚生年金の月額）と総報酬月額相当額（76頁参照）をもとに計算されますが、合計額が50万円を超えるまでは全額支給されます。50万円を超えると、超えた額の2分の1の年金が支給停止されます。なお、老齢厚生年金が全額支給停止される場合には加給年金額も支給停止されます。

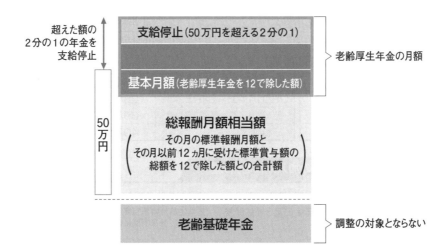

65歳以上の在職老齢年金　【支給される年金月額の計算式】

$$\text{年金月額} = \text{基本月額} - (\text{総報酬月額相当額} + \text{基本月額} - 50万円) \times \frac{1}{2}$$

※実際には年額で計算して端数処理を行います。
※在職老齢年金を計算する場合の47万円は、平成22年3月までは「48万円」、平成22年4月〜平成23年3月「47万円」、平成24年4月〜平成27年3月「46万円」、平成27年4月〜平成29年3月「47万円」、平成29年4月〜平成31（令和元）年3月「46万円」、平成31（令和元）年4月〜令和5年3月「47万円」、令和5年4月〜令和6年3月「48万円」で計算されます。

■65歳以上の人に支給される在職老齢年金の目安
単位：万円

基本月額	総報酬月額相当額					
	20万円	25万円	30万円	40万円	45万円	50万円
4万円	4.0	4.0	4.0	4.0	4.0	2.0
6万円	6.0	6.0	6.0	6.0	5.5	3.0
8万円	8.0	8.0	8.0	8.0	6.5	4.0
10万円	10.0	10.0	10.0	10.0	7.5	5.0
12万円	12.0	12.0	12.0	11.0	8.5	6.0
14万円	14.0	14.0	14.0	12.0	9.5	7.0
16万円	16.0	16.0	16.0	13.0	10.5	8.0

在職老齢年金の対象となる人は

65歳以上の在職老齢年金も、支給調整があるのは年金を受給しながら厚生年金保険に加入して被保険者となっている場合のみです。（65歳以上の厚生年金被保険者の年金額改定については77頁参照）ただし、70歳になると被保険者の資格を喪失するため、70歳以上の人は、被保険者の適用（8頁参照）と同程度の人が対象となります。

ねんきんネットで年金見込額確認

　日本年金機構が運営するインターネットサービスの「ねんきんネット」では、個人の公的年金の加入記録や年金額を確認することができます。

ねんきんネットの登録・ログイン

　ねんきんネットの利用は、まず利用登録を行い、ユーザIDを取得してからとなります。登録にはメールアドレス（フリーメール不可）や、基礎年金番号が必要です。ねんきん定期便で送られたアクセスキー（有効期限あり）をお持ちの方は、アクセスキーを入力するとスムースです。

　登録は日本年金機構ホームページから行います。

ねんきんネットで年金見込額を確認

　「年金記録照会」画面で、直近のねんきん定期便作成時点までの年金見込額や加入記録を確認することができます。また「年金見込額試算」画面では、今後の就業状況や給与等を入力することで、年金額の試算をすることができます。また、60歳以上で年金を受けながら働く場合の試算や、繰り上げ、繰り下げの試算をすることもできます。

年金生活者支援給付金

　令和元年10月にスタートした年金生活者支援給付金は、公的年金等の収入金額や所得が一定基準額以下の人に年金に上乗せして支給されるものです。

　老齢年金、障害年金、遺族年金のそれぞれに生活者支援給付金制度があります。

老齢年金生活者支援給付金

以下の支給要件をすべて満たしている人が対象です。

- ●65歳以上の老齢基礎年金の受給者。
- ●同一世帯の全員が市町村民税非課税。
- ●前年の公的年金等の収入金額（障害年金や遺族年金等の非課税収入を除く）と、その他の所得との合計が778,900円（令和6年9月まで）以下。
- ●前年の公的年金等の収入金額と、その他の所得との合計が878,900円以下の人には補足的老齢年金生活者支援給付金を支給。

●給付金額（令和6年度）
①保険料納付済期間に基づく額（月額）
　5,310円×保険料納付済期間／480月[*1]
②保険料免除期間に基づく額（月額）
　11,333円[*2]×保険料免除期間／480月[*1]

[*1] 昭和16年4月2日以後生まれの場合。
[*2] 老齢基礎年金満額の6分の1。保険料4分の1免除期間は老齢基礎年金満額の12分の1。
※ 補足的老齢年金生活者支援給付金の場合は①に収入に応じた調整支給率を乗じます。

障害年金生活者支援給付金・遺族年金生活者支援給付金

　障害基礎年金または遺族基礎年金を受けている人で、前年の所得[*3]が4,721,000円＋扶養親族の数×38万円[*4]以下である人に支給されます。

[*3] 障害年金や遺族年金等の非課税収入を除く。
[*4] 70歳以上の同一生計配偶者または老人扶養親族は48万円、特定扶養親族または16歳以上19歳未満は63万円。

●給付金額（令和6年度）
5,310円（月額）
障害等級1級:6,638円

繰上げ支給と繰下げ支給

老齢年金は支給開始年齢が決まっていますが、60歳以降減額された年金を早く受ける「繰り上げ」、65歳以降増額された年金を遅く受ける「繰り下げ」を選択することができます。

老齢基礎年金の「全部繰上げ」

全部繰上げの老齢基礎年金は、本来65歳から受けられる老齢基礎年金を、60歳以上65歳未満の時点から受け始めるものです。老齢基礎年金の減額率は繰上げ1ヵ月につき0.4%です。

65歳前に定額部分の支給がある人が全部繰上げをすると、定額部分は支給停止されます。報酬比例部分は併給されます。
※減額率は令和4年4月から0.5%から0.4%になりました。
（昭和37年4月以降生まれの人）

「一部繰上げ」は、定額部分を受けられる人が選択できます

65歳前に定額部分の支給がある人は一部繰上げの選択もできます。65歳まで受ける定額部分を、希望する時点から65歳までにならして受け、それによる減額分の老齢基礎年金を繰り上げるイメージです。

老齢基礎年金の減額率は繰上げ1ヵ月につき0.4%です。65歳になると、繰り上げなかった老齢基礎年金分が老齢基礎年金加算額として加算されます。また本来の定額部分の支給開始年齢から、加給年金額が加算されます。

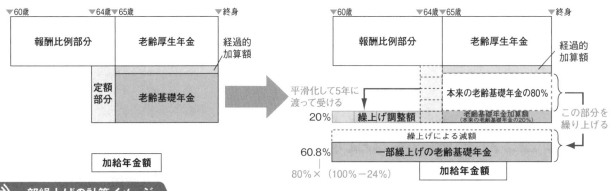

➡ 一部繰上げの計算イメージ

上図の例では、64歳から定額部分が支給されます。まず定額部分は、65歳までの1年間を60歳からの5年間で受けるので、12月／60月で20%に減額されます。これが繰上げ調整額です。

次に老齢基礎年金については、定額部分の減少割合である80%を繰り上げます。残り20%は老齢基礎年金加算額として、65歳から

支給されます。繰り上げ部分（80%の老齢基礎年金）は、65歳からの支給を60歳に繰り上げるので0.4%×60月で24%の減額（76%の支給）となります。繰り上げる80%の老齢基礎年金が76%の支給となるので、本来の老齢基礎年金の60.8%を60歳から受けることになります。

老齢厚生年金も繰上げできます

昭和28年4月2日以降生まれの男性、昭和33年4月2日以降生まれの女性は、報酬比例部分が61歳以降の支給開始に引き上げられます。これらの人は、老齢厚生年金を繰

り上げることができます。ただし、老齢厚生年金と老齢基礎年金をセットで繰り上げる必要があります。減額率は1ヵ月につき0.4%となっています。

■[昭和40年10月生まれの女性]が老齢厚生年金を60歳から繰上げ受給した例

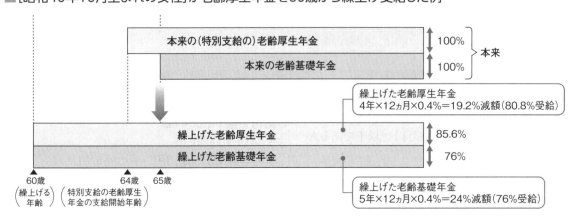

⇒ **繰上げにはいくつかのデメリットがありますので、選択の際にはご注意ください**

- ●生涯減額された年金となる。　　●寡婦年金が失権する。　　●国民年金に任意加入できない。
- ●受給権発生後に初診日があるとき、障害基礎年金は受給できない（厚生年金保険加入中を除く）。
- ●遺族年金との併給で不利になることがある。　　●雇用保険の給付や在職老齢年金による支給調整の対象となることがある。

65歳からの年金を66歳以降に受け始め増額する繰下げ

　繰下げ制度は、本来65歳から受けられる老齢厚生年金や老齢基礎年金を、66歳以降75歳までの希望する時点から受け始めることで、生涯増額された年金を受けられる制度です。65歳前に年金を受けている人でも、65歳になると老齢厚生年金・老齢基礎年金となるため、老齢厚生年金と老齢基礎年金を一緒に、または別々に繰り下げることができます。

　増額率は繰下げ1ヵ月につき0.7%です。最大で84%（120月）まで増額できます。なお、老齢厚生年金を繰下げている間は加給年金額が支給されません。

■繰下げ支給のイメージ（65歳からの支給を70歳に遅らせた場合）

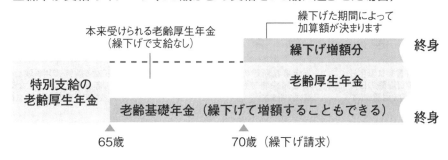

※令和4年4月より繰下げ上限が70歳から75歳に引き上げられました。

⇒ **繰下げ支給の選択方法**

　65歳前に特別支給の老齢厚生年金を受けていた人は、65歳の誕生月の初めに「年金請求書（国民年金厚生年金保険老齢給付）（はがき）」が送られます。このはがきには、「老齢基礎年金のみ繰下げ希望」・「老齢厚生年金のみ繰下げ希望」欄がありますので、どちらかに○をして提出するか、両方繰り下げる場合には提出しません。そして受給希望の年齢に達したら、年金事務所等で繰り下げの手続きをします。

在職老齢年金と繰下げ

　65歳以降在職老齢年金による支給調整の対象者が老齢厚生年金を繰下げ選択した場合、繰り下げられるのは在職老齢年金で支給されていたであろう額となり、支給停止となった額は増額の対象となりません。

●70歳で退職して繰下げ請求する場合

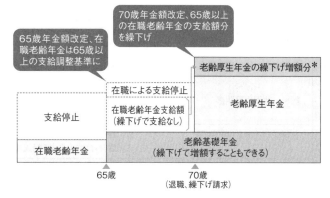

＊経過的加算も繰下げ増額されます

年金の請求方法

　年金は請求しないと受けられません。受給資格期間を満たし、受給資格年齢に達した人は、年金事務所等に年金の請求をします。この請求を「裁定請求」といいます。

請求から年金支払いまでの流れ

　裁定請求のための請求書（年金請求書）は、事前に送られます。また、年金事務所にある年金請求書を使用しても請求できます。

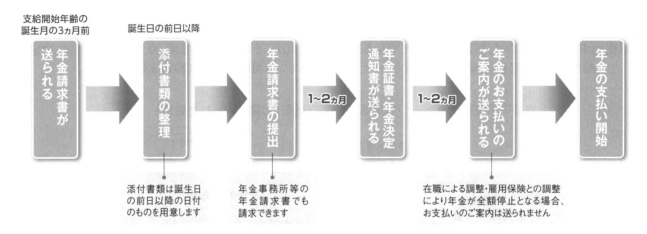

主な添付書類一覧

	用意する書類	注意事項
本人の必要書類	年金手帳、基礎年金番号通知書	●基礎年金番号以外の年金手帳がある場合はすべての年金手帳
	年金証書	●すでに国や共済組合等からの年金を受けている場合（配偶者含む）
	戸籍抄本（記載事項証明書）	●受給権発生後のもの ●戸籍謄本や住民票に代えることも可能 ●加給年金額の対象者などがいない場合、マイナンバーを記入することで代えることが可能
	雇用保険被保険者証	●添えることができないときは事由書を添付
	合算対象期間が確認できる書類	●合算対象期間がある場合はそれを確認できる書類
	年金振込先の預金通帳	●本人名義のもの（預貯金通帳・キャッシュカードの写しでも可。金融機関の証明をうけた場合は不要）

	用意する書類	注意事項
別に必要な書類配偶者や子がいる場合に	戸籍抄本	●配偶者や子が記載されている抄本で受給権発生後のもの ●本人と合わせて戸籍謄本に代えることも可
	住民票または住民票謄本	●年金の受給権発生後のもの　●マイナンバーを記入することで添付を省略可能
	課税・非課税証明書	●年金の受給権を取得した年の前年分（前年収入が確定しない場合は前々年）の所得証明、非課税証明書、または源泉徴収票のいずれか ●マイナンバーを記入することで添付を省略可能
	在学証明書または学生証	●子が学生の場合（義務教育の子については不要） ●マイナンバーを記入することで添付を省略可能
	診断書	●子が障害の状態にある場合 ●診断書用紙は年金事務所または市区町村に備え付けのものを使用 ●レントゲンフィルムが必要な場合（結核など）あり

※請求者の本人確認情報を証明する市区町村長の証明書等（戸籍抄本や住民票の写し等）の添付は、個人番号（マイナンバー）を記入することで省略することができます。ただし、加給年金額対象者（配偶者や子）がいる場合は、身分関係や生計維持関係を確認する必要があるため、提出が必要となる場合があります。

※事例によって、必要書類の範囲が異なってきますので、事前に年金事務所の窓口でご確認ください。

支給開始年齢になったとき年金請求書で請求します
年金請求書は、支給開始年齢到達前に本人に送付されます

老齢厚生年金や老齢基礎年金を請求する場合、支給開始年齢(71頁参照)や65歳に到達する3ヵ月前に、あらかじめ基礎年金番号や年金加入記録などを印字した事前送付用の「年金請求書(国民年金・厚生年金保険老齢給付)」が本人に送付されます。年金請求書が送られてきたら、記載事項を確認し、必要事項を記入して添付書類を用意のうえ、誕生日の前日以降に年金事務所に提出します。添付書類として提出する戸籍謄本や住民票は、受給権発生日以降に発行されたものが必要となります。

事前に年金請求書が送付されるのは、次のような場合です。

「年金請求書」が事前送付される人	送付の時期
65歳前に特別支給の老齢厚生年金の受給権が発生する人	支給開始年齢に達する3ヵ月前
65歳から老齢基礎年金・老齢厚生年金の受給権が発生する人	65歳に達する3ヵ月前
65歳前に特別支給の老齢厚生年金の受給権が発生しているにもかかわらず、年金の決定がされていない人	65歳に達する3ヵ月前

また、日本年金機構が基礎年金番号で管理している年金記録だけでは老齢基礎年金の受給資格(期間要件)が確認できない人など、次のような場合は、「年金請求書」に代わって、「年金に関するお知らせ(はがき)」が送付されます。

「年金に関するお知らせ」が送付される人	送付の時期
日本年金機構が基礎年金番号で管理している年金記録だけでは老齢基礎年金等を受けるために必要な加入期間が確認できない人	60歳に達する3ヵ月前
厚生年金保険の加入期間が12ヵ月に満たないため、特別支給の老齢厚生年金の受給権がない人	

「年金に関するお知らせ(はがき)」を受けとった人で資格期間が足りない人は、その後に受給資格を満たす場合もあり、合算対象期間などを加えると受給資格を満たす場合もあります。不明な点があるときは最寄りの年金事務所にお問い合わせください。年金の加入期間に計算される期間で日本年金機構が把握できない期間としては次のような期間があります。

1.合算対象期間(カラ期間)
2.共済組合等の加入期間のうち日本年金機構に情報提供されていない期間
3.基礎年金番号以外の年金手帳による記号番号で加入していた期間
4.第3号被保険者の未届期間

上記の期間を加えて必要な加入期間を満たした人は、年金事務所にある「年金請求書」の用紙で年金を請求してください。

年金についてのお問い合わせは「ねんきんダイヤル」へ

請求の手続き等の年金についてのお問い合わせは、日本年金機構の「ねんきんダイヤル」が便利です。全国の年金電話相談センター等のうち回線の空いているところにつながるしくみで、固定電話からかければ、全国どこからでも市内通話料金で利用できます。

年金請求などの年金相談

イイ ロウゴ
0570-05-1165
050で始まる電話でおかけになる場合は
03-6700-1165

■年金請求書（国民年金・厚生年金保険老齢給付）

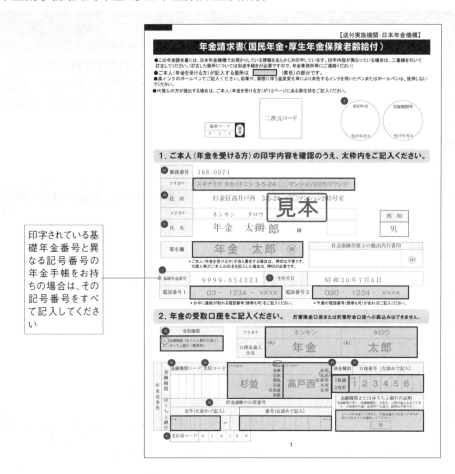

印字されている基礎年金番号と異なる記号番号の年金手帳をお持ちの場合は、その記号番号をすべて記入してください

別紙に個人番号（マイナンバー）を記入してください。記入があれば、戸籍抄本等の生年月日に関する書類の添付や現況届の提出が不要となります。ただし、加給年金額の対象者がある場合は、書類の添付は省略できません

提出書類	年金請求書（国民年金・厚生年金保険老齢給付）（事前送付用）
提出時期	老齢給付の受給権を得たとき（5年を過ぎたものについては時効により支給されません）
提出先	全国の年金事務所および年金相談センター。添付書類が整っていれば郵送も可能。国民年金の第1号被保険者のみの人は市区町村の国民年金窓口。

●年金にかかる税金

　老齢年金は、所得税法の雑所得として扱われます。65歳未満の人でその年の支払額が108万円以上の人や、65歳以上の人で158万円以上の人は、年金が支払われる都度所得税が源泉徴収で差し引かれます。

　所得税の各種控除は、毎年10月下旬に送られる扶養親族等申告書を提出することで受けられます。扶養親族がいない場合でも、提出することで公的年金等控除や基礎控除を受けることができます。申告書を提出すると、最低でも65歳未満の方の場合は月額9万円、65歳以上の方の場合は月額13.5万円の所得控除を受けることができますので、この額に満たない人は、所得税が源泉徴収されません。

　扶養親族等申告書で申告した以外の各種控除を受ける場合や、年金以外に給与所得等がある人は、確定申告で税額を精算します。1月中に源泉徴収票が送られます。

　源泉徴収額は、各種控除後の金額の5.105％です。（復興特別所得税を含む）。

●年金の支払日は

　年金は、2ヵ月に一度、偶数月の15日（土・日・祝日のときはその直前の平日）に振り込み等で支払われます。支払われるのは前2ヵ月分で、例えば4月に振り込まれる年金は、2月・3月分となっています。

支払日	支払対象月
2月15日	前年12月・1月
4月15日	2月・3月
6月15日	4月・5月
8月15日	6月・7月
10月15日	8月・9月
12月15日	10月・11月

復興特別所得税の源泉徴収税額

　東日本大震災の復興財源に充当するため、平成25年から所得税の2.1％相当の復興特別所得税が併せて課せられます。したがって、老齢年金の源泉徴収税額は、各種控除後の金額の5.105％となっています。

離婚時の年金分割

　離婚時の年金分割は、受けられる（または受けている）年金を分割するのではなく、保険料納付記録（標準報酬の記録）を分割します。厚生年金は、加入中の標準報酬により年金額が計算されます。分割後は分割された標準報酬をもとに自身の年金を受けることとなります。

離婚時の年金分割のしくみ

　離婚等をしたとき、婚姻期間中の厚生年金の標準報酬を当事者間で分割することができるしくみが離婚時の年金分割制度です。分割をした人については、ご自身の標準報酬から相手方に分割した標準報酬を除いた残りの標準報酬に基づき、年金額が計算されます。また、分割を受けた人については、ご自身の厚生年金保険の標準報酬と相手方から分割された標準報酬に基づき、年金額が計算されます（受給資格期間はご自身の加入期間で満たすことが必要です）。

　年金分割制度には、平成19年4月から実施された「合意分割」と、平成20年4月から実施の「3号分割」の2種類があります。

■合意分割と3号分割の概要

	合意分割（平成19年4月1日から）	3号分割（平成20年4月1日から）
分割の対象となる離婚等	平成19年4月以後に ①離婚した場合 ②婚姻の取消をした場合 ③事実婚の解消をしたと認められた場合	平成20年5月1日以後*に ①離婚した場合 ②婚姻の取消をした場合 ③事実婚の解消をしたと認められた場合 ④離婚の届出をしていないが、事実上離婚したと同様の事情にあると認められた場合
分割される対象	婚姻期間中の当事者の厚生年金保険の標準報酬	平成20年4月1日以後の国民年金の第3号被保険者期間中の相手方の厚生年金保険の標準報酬
分割の方法	婚姻期間中の厚生年金保険の標準報酬が多い方から、少ない方に対して標準報酬を分割	厚生年金保険の被保険者であった方から、第3号被保険者であった方に対して標準報酬を分割
分割の割合	当事者の合意または裁判手続により定められた年金分割の割合	2分の1で固定
手続きの方法	当事者の一方による請求	第3号被保険者であった方による請求

＊離婚時の前月までの期間が分割の対象となるため、例えば、平成20年5月に離婚した場合、平成20年4月の標準報酬が分割されることになります。

●分割請求の手続き

　分割の請求期限は、離婚から2年以内です。ただし離婚等から2年以内に申し立てた調停等が2年を超えたときに成立したときは、それから1月以内となります。

　合意分割は当事者間の合意や按分割合を決める必要があるため、情報提供請求が始まりとなります。また、合意分割を請求した対象期間中に、3号分割の対象となる期間がある場合、3号期間の厚生年金の標準報酬を2分の1ずつに分割改定した後の標準報酬を基礎として合意分割の範囲が決められます。

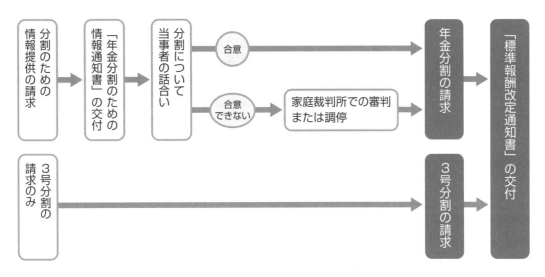

※合意分割改定請求と3号分割改定請求を同時に行う場合は、合意分割改定請求用の標準報酬改定請求書のみの提出で請求が可能です。

障害給付

　障害給付は、障害基礎年金（1・2級）、障害厚生年金（1・2・3級、障害手当金）があります。また、過去に国民年金に任意加入していなかったため、障害基礎年金等を受けていない1・2級の人を対象とした特別障害給付金制度が、平成17年4月に始まりました。

障害年金の受給資格要件

障害基礎年金	障害厚生年金
※以下のいずれにも該当すること ❶国民年金被保険者期間中に初診日のある傷病で障害の状態になり 　★被保険者の資格を失った後の場合は、60歳以上65歳未満で日本国内に住んでいる間に初診日があること ❷障害認定日＊に1・2級の障害にある人で ❸初診日の前日において、初診日の属する月の前々月までに保険料の滞納が被保険者期間の1/3を超えていないこと 令和8年3月までは初診日の属する月の前々月までの直近1年間に保険料の滞納がなければよいこと（65歳未満の者に限る）とされています。	※以下のいずれにも該当すること ❶厚生年金保険被保険者期間中に初診日のある傷病で障害の状態になり ❷障害認定日に1～3級の障害にある人で ❸国民年金の障害基礎年金を受けられる保険料納付要件を満たしていること （1・2級の場合は障害基礎年金に上乗せして支給され、3級の場合は厚生年金保険のみの独自給付となります。また、3級より軽度の障害の場合は障害手当金（一時金）が支給されます。）

＊障害認定日…初診日から1年6ヵ月たった日、または1年6ヵ月以内に症状が固定した日

●障害等級の目安

　1級の障害……他人の介助を受けなければほとんど日常生活を送ることができない状態
　2級の障害……必ずしも他人の助けを借りる必要はないが、日常生活が困難で労働することができない状態
　3級の障害……労働が著しい制限を受けるか、労働に著しい制限を加えることを必要とする状態

　　　　　　　　　　　　　　　　　　　　　　　※身体障害者手帳などの等級とは基準が異なります

年金額

1級	厚生年金	障害厚生年金	（ 総報酬制実施前の期間分 Ⓐ ＋ 総報酬制実施後の期間分 Ⓑ ）× 1.25 ★最低保障612,000円 *2		
		配偶者加給年金額	234,800円		
	国民年金	障害基礎年金	1,020,000円		
		子の加算額*1	2人目まで（1人につき）234,800円、3人目から（1人につき）78,300円		
2級	厚生年金	障害厚生年金	総報酬制実施前の期間分 Ⓐ ＋ 総報酬制実施後の期間分 Ⓑ ★最低保障612,000円 *2		
		配偶者加給年金額	234,800円		
	国民年金	障害基礎年金	816,000円		
		子の加算額*1	2人目まで（1人につき）234,800円、3人目から（1人につき）78,300円		
3級	厚生年金	障害厚生年金	総報酬制実施前の期間分 Ⓐ ＋ 総報酬制実施後の期間分 Ⓑ ★最低保障612,000円		
軽度の障害	厚生年金	障害手当金（一時金）	（ 総報酬制実施前の期間分 Ⓐ ＋ 総報酬制実施後の期間分 Ⓑ ）×2 ★最低保障1,224,000円		

*1 「子」とは、未婚で「18歳到達年度の末日までの子」または「20歳未満で1・2級の障害状態にある子」をいいます。

*2 1級・2級の障害厚生年金の最低保障額は、障害基礎年金を受けられない場合に用いられます。

Ⓐ期間分　平均標準報酬月額　$\times \dfrac{7.125}{1000} \times$　Ⓐ期間被保険者月数

Ⓑ期間分　平均標準報酬額　$\times \dfrac{5.481}{1000} \times$　Ⓑ期間被保険者月数

※ 被保険者期間の月数が300月に満たないときは、$\dfrac{300月}{被保険者月数}$として計算されます。

※ 上表は令和6年度の新規裁定者の額。

障害年金を受けるための保険料納付要件

障害厚生年金または障害手当金を受けるためには、次の条件を満たすことが必要です。

❶障害の原因になった傷病の初診日から1年6ヵ月たった日、またはそれ以前に症状が固定した日(これらを「障害認定日」といいます)に一定の障害の状態になっていること

❷障害手当金の場合は初診日から5年たった日、または5年以内で症状が固定した日に3級より軽い障害の状態になっていること

❸初診日の前日において、初診日の属する月の前々月までに被保険者期間の3分の1を超える保険料の滞納がないこと。ただし、3分の1を超える滞納があっても、初診日に65歳未満で初診日の属する月の前々月までの直近1年間に保険料の滞納がなければよいこととされています(令和8年3月までの特例)。

※20歳前に傷病を負った人の障害基礎年金は保険料納付要件はありませんが、支給に際し所得制限が設けられています。

障害厚生年金は300月加入を保障

障害厚生年金は、被保険者期間が300月に満たない場合、すべて300月として、300月分に増額して計算されることになっています。また、3級は2級と同じ計算方法ですが、障害基礎年金や配偶者加給年金額や子の加算額はありません。このため最低保障額(612,000円:令和6年度)が設けられています。

障害基礎年金と老齢厚生年金等の併給

平成18年4月から、65歳に達している者について「障害基礎年金と老齢厚生年金」、「障害基礎年金と遺族厚生年金」の併給が可能になりました。これは、障害を持ちながら働き続け、保険料を納めたことが年金給付に反映されるしくみに改められたものです。なお、障害基礎年金と老齢厚生年金の併給を選択し、給付の対象の子がいる場合、老齢厚生年金の子に対する加給年金額は支給停止され、障害基礎年金の子の加算額が支給されます。

障害厚生年金等と他の制度との調整

●障害厚生年金等が受けられるとき労災保険の給付が調整されます

業務上または通勤災害によるケガや疾病が原因で障害となった場合には、労災保険と公的年金の双方から年金給付が行われます。これら同一の事由で両方の年金が支給される場合、障害厚生年金や障害基礎年金を全額支給し、労災保険の障害(補償)年金・傷病(補償)年金の額は一定の率を乗じて減額されます。

●障害厚生年金等が受けられるとき傷病手当金は打ち切られます

健康保険の傷病手当金(56頁参照)を受けていた人に、同一の病気やケガで障害厚生年金(障害手当金)が支給されるときは、支給残期間があっても傷病手当金は支給が打ち切られます。ただし、障害厚生年金(障害基礎年金も受けられるときは合算した額)の日額に相当する額が傷病手当金の日額より少ない場合はその差額が支給されます。

参考

老齢厚生年金と傷病手当金の調整も行われます

健康保険から資格喪失後の継続給付として傷病手当金を受けている人等が老齢厚生年金を受けることとなったときは、傷病手当金の支給は打ち切られます。ただし、老齢厚生年金の日額に相当する額が傷病手当金の日額より少ない場合はその差額が支給されます。

⇒ 特別障害給付金制度

国民年金に任意加入していなかったため、障害基礎年金等を受けていない障害者を対象とした「特別障害給付金制度」が平成17年4月に設けられました。支給の対象は、平成3年3月以前に国民年金任意加入対象であった学生、または、昭和61年3月以前に国民年金任意加入対象であった厚生年金保険の被保険者等の配偶者で、任意加入していなかった期間内に初診日があり、現在、障害基礎年金の1級・2級の障害の状態にある人です。支給額(令和6年度)は、1級の障害にある人は月額55,350円(2級の1.25倍)、2級の障害にある人は月額44,280円です。また、本人の所得や他の年金等を受けているなどの理由により、一部または全額が支給停止されることがあります。

遺族給付

　遺族給付は、厚生年金の加入中や老齢厚生年金の受給権者などが死亡したときに遺族厚生年金、「子のある配偶者」または「子」に遺族基礎年金があり、生計を維持されていた遺族に支給されます。

　また、遺族基礎年金が受けられない妻で、夫死亡時または遺族基礎年金の支給終了時40歳以上65歳未満の妻には、中高齢の加算がつきます。

遺族年金の受給資格要件

遺族基礎年金

こんな場合に	保険料納付の要件
①現役被保険者の死亡 国民年金の被保険者が死亡したとき	死亡日の前日において死亡月の前々月までの被保険者期間中に保険料の滞納が3分の1を超えないこと。または死亡月の前々月までの1年間に保険料の滞納がないこと（65歳未満の者に限る）。
②60歳以上65歳未満の方の死亡 国民年金の被保険者であった人であって、日本国内に住所を有し、60歳以上65歳未満である人が死亡したとき	
③老齢基礎年金の受給権者などの死亡 老齢基礎年金の受給権者（保険料納付済期間と免除期間の合計が25年以上ある人）、または保険料納付済期間と免除期間の合計が25年以上ある人が死亡したとき	保険料納付済期間等が25年以上あるので、その死亡にかかる遺族基礎年金について保険料納付要件は必要とされません。

遺族厚生年金

	こんな場合に	保険料納付の要件
短期要件	**①現役会社員の死亡** 厚生年金保険の被保険者である間に死亡したとき	死亡日の前日において死亡月の前々月までの被保険者期間中に保険料の滞納が3分の1を超えないこと。または死亡月の前々月までの1年間に保険料の滞納がないこと（65歳未満の者に限る）。
	②退職後の死亡 厚生年金保険の被保険者資格を喪失した後に、厚生年金保険の被保険者である間に初診日のある傷病が原因で、初診日から5年以内に死亡したとき	
	③障害厚生年金を受けている人の死亡 1級または2級の障害厚生年金の受給権者が死亡したとき	障害厚生年金を受けるための保険料納付要件を満たしているので、その死亡にかかる遺族厚生年金について保険料納付要件は必要とされません。
長期要件	**④老齢厚生年金の受給権者などの死亡** 老齢厚生年金の受給権者（保険料納付済期間と免除期間の合計が25年以上ある人）、または保険料納付済期間と免除期間の合計が25年以上ある人が死亡したとき	保険料納付済期間等が25年以上あるので、その死亡にかかる遺族厚生年金について保険料納付要件は必要とされません。

遺族基礎年金を受けられる遺族と年金額

　遺族基礎年金を受けることができる遺族は、被保険者等が死亡した当時、その者によって生計を維持されていた「子のある配偶者」または「子」です。配偶者は、子と生計を同じくしている必要があります。子の年齢要件、遺族の生計維持の基準は、遺族厚生年金と同様です（次頁参照）。

　遺族厚生年金を受けられる「子のある配偶者」または「子」は、支給要件を満たせば、併せて遺族基礎年金が受けられます。遺族基礎年金の年金額は被保険者期間や報酬の額に関わらず一律です。

※平成26年4月より、遺族基礎年金の対象者に「子のある夫」が加わりました。

令和6年度の額

	子の数	基本額	加算額	合計額
子のある配偶者が受給	子1人	816,000円	234,800円	1,050,800円
	2人	816,000円	469,600円	1,285,600円
	3人	816,000円	547,900円	1,363,900円
子が受給	子1人	816,000円	—	816,000円
	2人	816,000円	234,800円	1,050,800円
	3人	816,000円	313,100円	1,129,100円

※子の数が上記より多い場合は、以降1人につき78,300円が加算されます。
※子が受給する遺族基礎年金は、上記額を子の数で除した額が1人当たりの額になります。

遺族厚生年金を受けられる遺族の範囲と順位は

遺族厚生年金を受けられる遺族とは、死亡当時生計を維持されていた次の人をいいます。順位は次のとおりで、先の順位の人が受けると、次の順位の人には支給されません。また、先の順位の人が権利を失っても、次の順位の人が受給権者となることはありません。

第1順位	配偶者、子
第2順位	父母
第3順位	孫
第4順位	祖父母

●生計維持の基準
被保険者等の死亡当時その人と生計を同じくしていて、年間収入850万円以上を死亡時及び将来（おおむね5年間）にわたって得られないと見込まれる人が該当します。

⇒ 遺族の年齢などの条件

夫、父母、祖父母は、55歳以上であること（支給は60歳から。遺族基礎年金を受けられる夫は55歳以降から支給）が条件となっています。子、孫は、18歳到達年度の末日まで（1級または2級の障害状態の場合は20歳未満）で婚姻していない人をいいます。遺族基礎年金の「子」も同じ条件です。配偶者は、婚姻の届出をしていないが、事実上婚姻関係と同様の状態にある人を含めます。夫死亡時（または「子のない妻」になったとき）に30歳未満の妻は、5年間の有期給付になります。

●事実上の妻（夫）の扱い
婚姻の届出をしていないが、事実上婚姻関係と同様の状態にある人は妻（夫）に含まれます。ただし、子については死亡した人の実子または養子であることが必要で里子等は含まれません。

遺族厚生年金の額

遺族厚生年金の年金額は、死亡した人の厚生年金保険被保険者期間とその間の平均標準報酬月額（平成15年4月からの被保険者期間分は平均標準報酬額）をもとに計算します。配偶者以外の2人以上が受給権者になったときの遺族厚生年金は、計算された額を、その受給権者の数で除した額が1人についての額となります。

遺族基礎年金が受けられない妻で、夫死亡時または遺族基礎年金の支給終了時30歳未満の妻に対する遺族厚生年金は、5年間の有期年金となります。

$$\boxed{\text{遺族厚生年金}} = \boxed{\begin{array}{c}\text{H15.3以前の被保険者期間}\\\text{にかかる報酬比例年金}\end{array}} + \boxed{\begin{array}{c}\text{H15.4以後の被保険者期間}\\\text{にかかる報酬比例年金}\end{array}} \times \frac{3}{4}$$

平均標準報酬月額 × $\frac{7.125}{1000}$ × 被保険者期間の月数

平均標準報酬額 × $\frac{5.481}{1000}$ × 被保険者期間の月数

※上記は平成16年改正の本来額の計算方法です。年金額計算においては、老齢給付と同様に、従前額保障の経過措置が適用されます。

計算の留意点 遺族厚生年金は、短期要件該当と長期要件該当では、年金額計算のうえで以下の点が異なります。

短期要件の場合（左頁①～③）
①生年月日による支給乗率の読み替えはありません。
②被保険者期間が300月に満たないときは300月とします。具体的には、上記計算による合算額（3/4をかける前）に「300/全被保険者期間の月数」を乗じて計算します。

長期要件の場合（左頁④）
①生年月日によって支給乗率を読み替えます。 7.125/1000→7.230～9.5/1000 5.481/1000→5.562～7.308/1000
②被保険者期間の月数は実際の加入期間を月数として計算します。

●短期要件と長期要件のいずれにも該当する場合（たとえば、老齢厚生年金の受給権者が再就職し厚生年金保険の被保険者期間中に死亡した場合など）には、特段の申出をしなければ短期要件の計算式で年金額が算出されます。
●遺族厚生年金の本来額は、受給権者本人の再評価率で計算します（従前額保障の場合は、死亡した人の再評価率）。配偶者以外の2人以上が受給権者のときは、それぞれ計算した額を人数で除した額となります。

●中高齢の加算と経過的寡婦加算

遺族基礎年金が受けられない夫死亡時40歳以上の妻が受ける遺族厚生年金には、中高齢の加算（612,000円：令和6年度）がつきます。なお、長期要件の人の死亡の場合、厚生年金保険の被保険者期間が20年（中高齢の特例15～19年）以上ある場合に限られます。

また、昭和31年4月1日以前生まれの人は、65歳になると中高齢の加算が支給されなくなりますが、経過的寡婦加算（610,300円～20,367円／昭和29年4月2日～昭和30年4月1日生まれの人で40,710円：令和6年度）が加算されます。

遺族厚生年金と他の年金との調整

60歳以上65歳未満で、遺族厚生年金と60歳代前半の老齢厚生年金を受けられる場合、どちらか一方の年金を選択し受給します。

65歳以降、遺族厚生年金と老齢厚生年金を受けられる場合、老齢厚生年金が優先的に支給され、遺族厚生年金（＋経過的寡婦加算）、遺族厚生年金（＋経過的寡婦加算）の2/3と老齢厚生年金の1/2の合算額が、老齢厚生年金よりも高くなる場合、差額が遺族厚生年金として支給されます。

労働保険の概要

労働保険とは

労働保険は、労働者災害補償保険（労災保険）と雇用保険とを合わせた呼称です。保険給付は労災保険・雇用保険からそれぞれ行われますが、保険料の納付は労災保険・雇用保険をまとめて1年間を単位として納付します。

労働保険の保険者は、政府（厚生労働省）ですが、実際の事務は都道府県労働局、労働基準監督署（労災保険）、公共職業安定所（雇用保険）が行っています。

●労災保険とは

労働者の業務上または通勤途上におけるケガや傷病に対し、その療養費の支払や生活補償を行う制度です。また、障害が残ったり、介護の必要が生じたり、死亡したときに、労働者とその家族または遺族に対して補償を行います。

●雇用保険とは

労働者が失業したときに、本人とその家族の生活の安定を図るため、給付を行う制度です。また、育児や家族の介護、高齢により継続勤務が難しい場合や失業後の就職促進などについて総合的に支援を行います。

労働保険の適用

労働保険は、事業所単位で適用され、労働者を1人でも使用していれば労働保険に加入し、労働保険料を納付しなければなりません。

労災保険の適用事業所に使用され賃金を支払われる労働者は、すべて労災保険の対象となります。正社員・アルバイト・パートタイマーといった雇用形態を問いません。労災保険は労働者以外は対象となりませんが、中小企業の事業主や一人親方などは、申請して労災保険に特別加入することができます。

雇用保険の適用事業所に使用され賃金を支払われる労働者も、原則として雇用保険の被保険者となります。ただし、昼間学生や次に該当する場合などは除かれます。
①短時間労働者であって季節的に雇用される人や短期雇用の人
②4ヵ月以内の期間を予定して行われる季節的事業に雇用される人

労働保険料の種類

労働保険料は、次の6つに区分されます。

❶一般保険料

事業主が労働者に支払う賃金の総額に保険率（労災保険率＋雇用保険率）を乗じた額で、労災保険と雇用保険で賃金総額が異なる場合は別々に計算します。

労災保険率

事業の種類ごとに、2.5/1000〜88/1000の間で設定されます。
※石綿（アスベスト）健康被害救済のため、すべての労災保険の適用事業主は、一般拠出金（拠出金率は0.02/1000）も負担します。

雇用保険率

事業の種類ごとに、次表のとおり負担割合が設定されています。

令和5年4月〜			
事業の種類	雇用保険率	うち事業主負担率	うち被保険者負担率
一般の事業	15.5／1000	9.5／1000	6.0／1000
農林水産の事業 清酒製造の事業	17.5／1000	10.5／1000	7.0／1000
建設の事業	18.5／1000	11.5／1000	7.0／1000

❷第1種特別加入保険料
労災保険の中小事業主等の特別加入者についての保険料

❸第2種特別加入保険料
労災保険の一人親方等の特別加入者についての保険料

❹第3種特別加入保険料
労災保険の海外派遣の特別加入者についての保険料

❺印紙保険料
雇用保険の日雇労働被保険者についての雇用保険印紙による保険料

❻（特例納付保険料）
雇用保険の特例対象者にかかる事業主が納付すべき保険料

労働保険料の申告納付

労働保険料は、事業主が労働者に支払う賃金総額（4月1日から翌年3月31日までの分）に保険料率（労災保険率＋雇用保険率）を乗じて計算した額を、事業主が申告して納付します。このうち、労災保険分は全額事業主が負担し、雇用保険分は事業主と被保険者の双方で負担し、被保険者負担分は毎月の賃金から控除することができます。保険料の納付義務は事業主にあります。

●年度更新

具体的には、毎年6月1日〜7月10日に、賃金総額の見込額に保険料率を乗じた額（概算保険料といいます）と、前年度の確定額（確定保険料といいます）の過不足を合わせて申告し、納付します。これが毎年行われる年度更新の手続きです。

保険料は、一定の要件のもと最大3回まで分納することができます。また、賃金総額の見込額が当初の申告より大幅に上回った場合は、増加概算保険料を納付することになります。

分納の納期限		3回分割		
		第1期（初期）	第2期	第3期
納期限	個別事業	7月10日	10月31日	翌年1月31日
	労働保険事務組合		11月14日	翌年2月14日

※納期限が土曜日に当たるときはその翌々日、日曜日に当たるときはその翌日が納期限となります。

> **ワンポイント** 労働保険年度更新は6月3日〜7月10日まで
>
> 令和6年度の労働保険申告・納付時期は、6月1日〜7月10日までの間に行っていただくことになっています。
> **令和6年度年度更新時期の算定期間**
> 令和5年度確定保険料…R5.4.1〜R6.3.31
> 令和6年度概算保険料…R6.4.1〜R7.3.31
> 一般拠出金 ……………R5.4.1〜R6.3.31

労災保険とは

業務上や通勤途上に従業員がケガや傷病を負ったときは、労災保険で診療を受けることになります。休業した場合は休業補償給付（休業給付）、障害が残ったときは障害補償給付（障害給付）、死亡したときは遺族補償給付（遺族給付）などの補償が受けられます。

労災保険の給付は、以下のとおり分かれています。

※給付基礎日額＝被災前3ヵ月間の賃金総額（ボーナスを除く）÷その暦日数（年齢階層ごとに最低保障額および最高限度額あり）
※算定基礎日額＝被災前1年間のボーナス総額（給付基礎日額の365倍の20%か150万円を限度）÷365
※同一事由により、厚生年金保険や国民年金の給付があったときは、労災保険の給付について併給調整が行われます。
※令和2年9月1日以降、複数の会社に雇用されている場合、雇用されている全ての会社の給与や賞与の合計額が労災の保険給付額に反映されます。

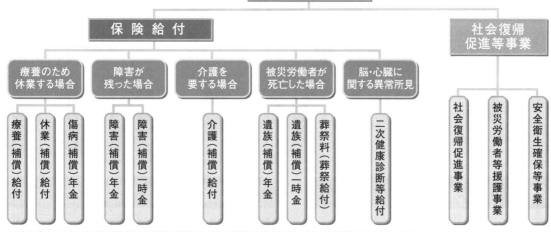

事 例	給付の種類 （ ）内は通勤災害	給付の内容	労災保険の手続き
ケガや病気になったとき	療養補償給付 （療養給付）	業務災害または通勤災害でケガや病気（傷病）に罹ったときは、労災病院または労災指定病院で、診察、投薬、治療材料、処置、手術、入院・看護、在宅療養・看護、移送などの給付を無料（通勤災害の場合は一部負担金200円を休業給付から控除）で受けることができます。やむを得ない理由で一般の病院にかかったときは、あとで療養費の請求ができます。	「療養（補償）給付たる療養の給付請求書」を治療を受ける労災病院等を経由して労働基準監督署に提出。労災病院等で受けられなかったときは、「療養（補償）給付たる療養の費用請求書」を、事業主と医師の証明を受け、労働基準監督署に提出。
欠勤して給与を受けられないとき	休業補償給付 （休業給付）	傷病の療養のため仕事を休んで給与が受けられないとき、賃金を受けない日の4日目から、1日につき給付基礎日額の6割が支給されます。3日間については労働基準法により事業主が休業補償することになっています（業務災害のみ）。 ●特別支給：1日につき給付基礎日額の2割を休業特別支給金としてさらに支給。	「休業（補償）給付支給請求書」等に事業主と医師の証明を受け、労働基準監督署に提出。
療養開始から1年6月経過後も治らないとき	傷病補償年金 （傷病年金）	1年6月経過後も傷病が治らず、その傷病の程度が傷病等級に該当した場合に、休業補償給付・休業給付に代えて支給されます。支給額は、傷病等級に応じて、給付基礎日額の313～245日分の年金です。傷病が治ゆしていなくても傷病等級に該当しないときは、引き続き休業補償給付・休業給付が支給されます。 ●特別支給：傷病等級に応じて114万～100万円の傷病特別支給金（一時金）を加給。さらに算定基礎日額の313～245日分の傷病特別年金を加給。	「傷病の状態等に関する届」に医師の診断書を添えて、労働基準監督署に提出。
障害が残ったとき	障害補償給付 （障害給付）	傷病が治ゆしたときに心身に障害が残り、その障害の程度が障害等級に該当した場合に支給されます。第1級～7級は障害補償年金・障害年金で給付基礎日額の313～131日分。第8級～14級は障害補償一時金・障害一時金で給付基礎日額の503日分～56日分。 ●特別支給：1級342万円～14級8万円の障害特別支給金（一時金）を加給。さらに1級～7級には算定基礎日額の313～131日分の障害特別年金、8級～14級には算定基礎日額の503～56日分の障害特別一時金を加給。	「障害（補償）給付支給請求書」等に医師の診断書等を添えて、労働基準監督署に提出。
介護を要する状態となったとき	介護補償給付 （介護給付）	2級以上の障害補償年金または傷病補償年金受給権者のうち特定の障害者が常時介護を要する場合は、月額77,890円～172,550円、随時介護の場合は月額38,900円～86,280円までの介護費用（実費が範囲内にあればその額）が支給されます。（令和5年度額）	「介護（補償）給付支給請求書」に医師の診断書、費用の証明書等を添えて、労働基準監督署に提出。
死亡したとき	遺族補償給付 （遺族給付）	労働者が死亡したとき、その収入で生計を維持していた妻、夫・父母・祖父母・兄弟姉妹（55歳以上（支給は60歳から）または一定の障害の状態にある）、子・孫・兄弟姉妹（18歳の年度末までまたは一定の障害の状態にある）がいる場合に、その最先順位者に支給されます。遺族補償年金・遺族年金の額は、遺族数に応じて給付基礎日額の245～153日分。遺族がいない場合は、遺族補償一時金・遺族一時金として給付基礎日額の1,000日分が支給。 ●特別支給：300万円の遺族特別支給金（一時金）を加給。さらに年金受給者には、遺族数に応じて算定基礎日額の245～153日分の遺族特別年金、一時金受給者には算定基礎日額の1,000日分の遺族特別一時金を加給。	「遺族（補償）年金（一時金）支給請求書」等に死亡診断書（死体検案書）、受給資格者全員の戸籍抄本等を添えて、労働基準監督署に提出。
	葬祭料 （葬祭給付）	労働者が業務災害または通勤災害で死亡したとき、遺族年金・一時金のほかに、葬祭を行った人に支給されます。支給額は、315,000円に給付基礎日額の30日分を加えた合計額または給付基礎日額の60日分のいずれか多い方。	「葬祭料（葬祭給付）請求書」に死亡診断書等を添えて、労働基準監督署に提出。
定期健診等で一定の検査項目に異常の所見があるとき	二次健康診断等給付	労働安全衛生法によって事業主が実施する定期健康診断等（一次健診）で血圧検査、血中脂質検査、血糖検査など一定の項目でいずれも異常の所見があると診断された労働者は、二次健康診断および医師等による特定保健指導が受診者の負担なく受けられます。	「二次健康診断等給付請求書」に一次健診の結果の写しを添えて、健診給付病院経由で都道府県労働局に提出。

雇用保険の給付

一般被保険者が失業した場合には、「求職者給付」として、失業している日について基本手当が支給されるほか、公共職業安定所長の指示により公共職業訓練等を受講する場合には技能習得手当および寄宿手当が、傷病により職業に就くことができない場合には傷病手当が支給されます。また、求職者給付以外にも「就職促進給付」「教育訓練給付」「雇用継続給付」「育児休業給付」があります。

雇用保険の給付は、以下のとおり分かれています。

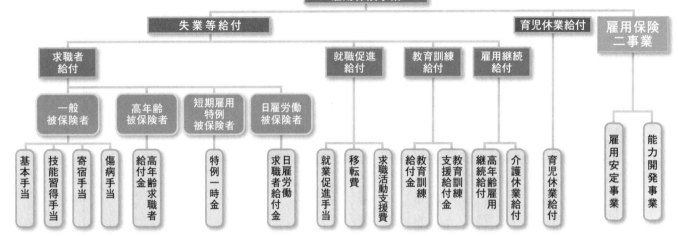

求職者給付 ⇐ 失業したとき

●基本手当

基本手当は、被保険者が失業し、公共職業安定所に求職の申込みをした場合、「離職の日以前2年間に被保険者期間が通算して12ヵ月以上」あるとき、または倒産・解雇などによる離職の場合は「離職の日以前1年間に被保険者期間が通算して6ヵ月以上」あるときに支給されます。基本手当の日額は、賃金日額*の50〜80%（60歳以上65歳未満は45〜80%）で年齢別に上限額が、また年齢に関係なく下限が設定されています。
*賃金日額＝最後の6ヵ月間の賃金総額（賞与などは除く）÷180

所定給付日数（求職の申込みから7日間は待期期間のため支給されません）

区分\被保険者であった期間		1年未満	1年以上5年未満	5年以上10年未満	10年以上20年未満	20年以上
下記以外	自己都合・定年退職などによる離職	—	90日		120日	150日
倒産・解雇などによる離職 *2	30歳未満	90日		120日	180日	—
	30歳以上35歳未満	90日	120日	180日	210日	240日
	35歳以上45歳未満	90日	150日		240日	270日
	45歳以上60歳未満	90日	180日	240日	270日	330日
	60歳以上65歳未満		150日	180日	210日	240日
障害者等の就職困難者	45歳未満	150日	300日			
	45歳以上65歳未満		360日			

*2 雇用情勢が厳しい地域や難病等で就職活動をする場合などには、給付日数が延長されます。
※自己都合による退職などの場合は、1〜3ヵ月の給付制限があります。

技能習得手当寄宿手当	基本手当を受ける人が公共職業安定所の指示で公共職業訓練を受ける場合、技能習得手当（受講手当:日額500円、通所手当:月額42,500円を限度）、寄宿手当（同居の親族と別居し寄宿する場合:月額10,700円）が支給されます。
傷病手当	求職の申込み後、病気やケガで15日以上職業に就くことができないときに、基本手当の日額に相当する額が所定給付日数内で支給されます。
高年齢求職者給付金	高年齢被保険者が失業した場合、離職の日以前1年間に被保険者期間が通算して6ヵ月以上あれば支給されます。被保険者期間が1年未満は基本手当30日分、1年以上は50日分が一時金。
特例一時金	短期雇用特例被保険者が失業した場合、離職の日以前1年間に被保険者期間が通算して6ヵ月以上あれば、基本手当日額の30日分（当分の間は40日分）支給されます。
日雇労働求職者給付金	日雇労働被保険者が失業した場合、失業月の前2ヵ月間に印紙保険料が通算して26日分納付されているときに支給されます。

就職促進給付 ⇐ 再就職を援助するとき

就業促進手当	基本手当の所定給付日数を一定以上残して、①常用雇用等以外の形態で職業に就いた場合は「就業手当」が、②安定した職業に就いた場合は「再就職手当」が支給されます。就業手当の額＝基本手当日額×30%を就業日ごと再就職手当の額＝基本手当日額×支給残日数×60%（支給残日数3分の2以上の場合は70%）※再就職後の賃金低下に応じて基本手当の残日数の40%上限に就業促進定着手当を支給。就業困難な人が、安定した職業に就いた場合で再就職手当が受けられないときは「常用就職支度手当」が支給されます。
移転費・求職活動支援費	公共職業安定所の紹介で職業に就く等のため、住所または居所を変更する必要があるときに移転費が支給されます。また、広域に求職活動をする場合に求職活動支援費が支給されます。

教育訓練給付 ⇐ 能力開発のため訓練を受けるとき

教育訓練給付金	厚生労働大臣の指定する教育訓練を受講し修了した場合、①一般教育訓練:受講料等の20%（上限10万円）②特定一般教育訓練:受講料等の40%（上限20万円）③専門実践教育訓練:受講料等の50%（上限年40万円）が支給されます。なお、②と③の教育訓練は受講前にキャリアコンサルティングの受講が必要です。また、③の場合、一定の要件を満たす人に「教育訓練支援給付金」が、資格取得等のうえで受講修了後1年以内に雇用された場合「受講料等の20%（上限年16万円）」が支給されます。

雇用継続給付 ⇐ 高齢になったとき、介護休業をしたとき

高年齢雇用継続給付	被保険者として雇用された期間が5年以上の60歳以上65歳未満の被保険者が、60歳時点と比べて75%未満の賃金で就労しているとき、最高で賃金の15%相当額の高年齢雇用継続基本給付金が支給されます。基本手当受給後、支給残日数が100日以上あり再就職した場合は高年齢再就職給付金として支給されます。
介護休業給付	介護休業開始前2年間に賃金支払基礎日数が11日以上ある月が通算して12ヵ月以上ある人が、配偶者、父母、子、配偶者の父母、祖父母、兄弟姉妹、孫を介護するため、介護休業を取得したとき、通算して93日を限度に休業開始前賃金の67%相当の介護休業給付金を支給。

育児休業給付 ⇐ 育児休業をしたとき

育児休業給付	育児休業開始前2年間に、賃金支払基礎日数が11日以上ある月が通算して12ヵ月以上ある人が、1歳（雇用継続のため特に必要と認められる2歳）未満の子を養育するため育児休業を取得したとき、休業前の賃金の50%（開始から180日間は67%）相当に休業日数をかけた育児休業給付金が支給されます。原則2回まで分割して受けられます。また、子の出生後8週間以内に4週間まで取得できる出生時育児休業を取得した場合にも同額の給付金が受けられます（出産予定日と出産日の間の日数も支給）。

厚生労働大臣が定める現物給与の価額一覧表

（単位：円）

都道府県		食事で支払われる報酬等					住宅で支払われる報酬等	その他の報酬等	適用年月日
		1人1月当たりの食事の額	1人1日当たりの食事の額	1人1日当たりの朝食のみの額	1人1日当たりの昼食のみの額	1人1日当たりの夕食のみの額	1人1月当たりの住宅の利益の額（畳1畳につき）		
1	北海道	23,100	770	190	270	310	1,110	時　価	6.4.1
2	青森	22,200	740	190	260	290	1,040	時　価	〃
3	岩手	22,200	740	190	260	290	1,110	時　価	〃
4	宮城	22,200	740	190	260	290	1,520	時　価	〃
5	秋田	22,500	750	190	260	300	1,110	時　価	〃
6	山形	23,400	780	200	270	310	1,250	時　価	〃
7	福島	22,500	750	190	260	300	1,200	時　価	〃
8	茨城	22,200	740	190	260	290	1,340	時　価	〃
9	栃木	22,500	750	190	260	300	1,320	時　価	〃
10	群馬	21,900	730	180	260	290	1,280	時　価	〃
11	埼玉	22,500	750	190	260	300	1,810	時　価	〃
12	千葉	22,800	760	190	270	300	1,760	時　価	〃
13	東京	23,400	780	200	270	310	2,830	時　価	〃
14	神奈川	23,100	770	190	270	310	2,150	時　価	〃
15	新潟	22,800	760	190	270	300	1,360	時　価	〃
16	富山	23,100	770	190	270	310	1,290	時　価	〃
17	石川	23,400	780	200	270	310	1,340	時　価	〃
18	福井	23,700	790	200	280	310	1,220	時　価	〃
19	山梨	22,500	750	190	260	300	1,260	時　価	〃
20	長野	21,600	720	180	250	290	1,250	時　価	〃
21	岐阜	22,200	740	190	260	290	1,230	時　価	〃
22	静岡	22,200	740	190	260	290	1,460	時　価	〃
23	愛知	22,500	750	190	260	300	1,560	時　価	〃
24	三重	22,800	760	190	270	300	1,260	時　価	〃
25	滋賀	22,500	750	190	260	300	1,410	時　価	〃
26	京都	22,800	760	190	270	300	1,810	時　価	〃
27	大阪	22,500	750	190	260	300	1,780	時　価	〃
28	兵庫	22,800	760	190	270	300	1,580	時　価	〃
29	奈良	22,200	740	190	260	290	1,310	時　価	〃
30	和歌山	22,800	760	190	270	300	1,170	時　価	〃
31	鳥取	23,100	770	190	270	310	1,190	時　価	〃
32	島根	23,400	780	200	270	310	1,150	時　価	〃
33	岡山	22,800	760	190	270	300	1,360	時　価	〃
34	広島	23,100	770	190	270	310	1,410	時　価	〃
35	山口	23,400	780	200	270	310	1,140	時　価	〃
36	徳島	23,100	770	190	270	310	1,160	時　価	〃
37	香川	22,800	760	190	270	300	1,210	時　価	〃
38	愛媛	22,800	760	190	270	300	1,130	時　価	〃
39	高知	22,800	760	190	270	300	1,130	時　価	〃
40	福岡	22,200	740	190	260	290	1,430	時　価	〃
41	佐賀	21,900	730	180	260	290	1,170	時　価	〃
42	長崎	22,800	760	190	270	300	1,150	時　価	〃
43	熊本	22,800	760	190	270	300	1,150	時　価	〃
44	大分	22,500	750	190	260	300	1,170	時　価	〃
45	宮崎	21,900	730	180	260	290	1,080	時　価	〃
46	鹿児島	22,500	750	190	260	300	1,110	時　価	〃
47	沖縄	24,000	800	200	280	320	1,290	時　価	〃

※都道府県別現物給与の価額については、厚生労働大臣が告示で定めます。
※被保険者の勤務地が所在する都道府県の現物給与の価額を適用します。
※住宅で支払われる報酬等の算出に当たっては、居間、茶の間、寝室、書斎、応接間、仏間、食事室など居住用の室を対象とし、玄関、台所（炊事場）、トイレ、浴室、廊下、農家の土間などの居住用以外の室、店、事務室、旅館の客室などの営業用の室は含めません。
※住宅・食事以外の報酬等の価額について労働協約に定めがある場合は、その価額を「時価」とします。
※計算の結果、端数が生じた場合は1円未満を切り捨てます。
※健康保険組合では、現物給与の価額について、規約により別段の定めをしている場合があります。

健康保険・厚生年金保険　標準報酬月額保険料額表

健保等級	年金等級	標準報酬 月額	日額	報酬月額 以上~未満	健康保険料 介護保険に該当しない被保険者	健康保険料 介護保険に該当する被保険者	厚生年金保険料 令2.9~
		円	円	円	★保険料率は全国平均の例 円	円	円
1		58,000	1,930	~ 63,000	2,900	3,364	
2		68,000	2,270	63,000~ 73,000	3,400	3,944	
3		78,000	2,600	73,000~ 83,000	3,900	4,524	
4	1	88,000	2,930	83,000~ 93,000	4,400	5,104	8,052
5	2	98,000	3,270	93,000~ 101,000	4,900	5,684	8,967
6	3	104,000	3,470	101,000~ 107,000	5,200	6,032	9,516
7	4	110,000	3,670	107,000~ 114,000	5,500	6,380	10,065
8	5	118,000	3,930	114,000~ 122,000	5,900	6,844	10,797
9	6	126,000	4,200	122,000~ 130,000	6,300	7,308	11,529
10	7	134,000	4,470	130,000~ 138,000	6,700	7,772	12,261
11	8	142,000	4,730	138,000~ 146,000	7,100	8,236	12,993
12	9	150,000	5,000	146,000~ 155,000	7,500	8,700	13,725
13	10	160,000	5,330	155,000~ 165,000	8,000	9,280	14,640
14	11	170,000	5,670	165,000~ 175,000	8,500	9,860	15,555
15	12	180,000	6,000	175,000~ 185,000	9,000	10,440	16,470
16	13	190,000	6,330	185,000~ 195,000	9,500	11,020	17,385
17	14	200,000	6,670	195,000~ 210,000	10,000	11,600	18,300
18	15	220,000	7,330	210,000~ 230,000	11,000	12,760	20,130
19	16	240,000	8,000	230,000~ 250,000	12,000	13,920	21,960
20	17	260,000	8,670	250,000~ 270,000	13,000	15,080	23,790
21	18	280,000	9,330	270,000~ 290,000	14,000	16,240	25,620
22	19	300,000	10,000	290,000~ 310,000	15,000	17,400	27,450
23	20	320,000	10,670	310,000~ 330,000	16,000	18,560	29,280
24	21	340,000	11,330	330,000~ 350,000	17,000	19,720	31,110
25	22	360,000	12,000	350,000~ 370,000	18,000	20,880	32,940
26	23	380,000	12,670	370,000~ 395,000	19,000	22,040	34,770
27	24	410,000	13,670	395,000~ 425,000	20,500	23,780	37,515
28	25	440,000	14,670	425,000~ 455,000	22,000	25,520	40,260
29	26	470,000	15,670	455,000~ 485,000	23,500	27,260	43,005
30	27	500,000	16,670	485,000~ 515,000	25,000	29,000	45,750
31	28	530,000	17,670	515,000~ 545,000	26,500	30,740	48,495
32	29	560,000	18,670	545,000~ 575,000	28,000	32,480	51,240
33	30	590,000	19,670	575,000~ 605,000	29,500	34,220	53,985
34	31	620,000	20,670	605,000~ 635,000	31,000	35,960	56,730
35	32	650,000	21,670	635,000~ 665,000	32,500	37,700	59,475
36		680,000	22,670	665,000~ 695,000	34,000	39,440	
37		710,000	23,670	695,000~ 730,000	35,500	41,180	
38		750,000	25,000	730,000~ 770,000	37,500	43,500	
39		790,000	26,330	770,000~ 810,000	39,500	45,820	
40		830,000	27,670	810,000~ 855,000	41,500	48,140	
41		880,000	29,330	855,000~ 905,000	44,000	51,040	
42		930,000	31,000	905,000~ 955,000	46,500	53,940	
43		980,000	32,670	955,000~1,005,000	49,000	56,840	
44		1,030,000	34,330	1,005,000~1,055,000	51,500	59,740	
45		1,090,000	36,330	1,055,000~1,115,000	54,500	63,220	
46		1,150,000	38,330	1,115,000~1,175,000	57,500	66,700	
47		1,210,000	40,330	1,175,000~1,235,000	60,500	70,180	
48		1,270,000	42,330	1,235,000~1,295,000	63,500	73,660	
49		1,330,000	44,330	1,295,000~1,355,000	66,500	77,140	
50		1,390,000	46,330	1,355,000~	69,500	80,620	

● 健康保険の保険料率（都道府県単位保険料率）
・一般保険料率 93.5～104.2/1000（令和6年3月（4月納付分）～）
　一般保険料率は都道府県ごとに異なります
・介護保険料率 16.0/1000（令和6年3月（4月納付分）～）

● 厚生年金保険料率 183/1000（平成29年9月～）

※32等級は令和2年9月～

保険料の端数の取扱い

● 納入告知書の保険料額は、被保険者の保険料額（端数を含む）の合計額となり、その合計額に円未満の端数がある場合は端数を切り捨てた額となります。（国等の債権債務等の金額の端数計算に関する法律　第2条第1項）

● 被保険者負担額の端数処理については以下のとおりとなります。
① 事業主・被保険者間に特約がある場合は特約により決定します。
② 事業主が給与から被保険者負担分を控除する場合は、被保険者負担分の端数が50銭以下の場合は切り捨て、50銭を超える場合は切り上げます。
③ 被保険者が被保険者負担分を事業主に現金で支払う場合は、被保険者負担分の端数が50銭未満の場合は切り捨て、50銭以上の場合は切り上げます。

● 厚生年金保険の報酬月額の1等級は「～93,000」、32等級は「635,000～」と読み替えてください。また改定の際には新しい上限で読み替えてください。
● 保険料月額＝標準報酬月額×保険料率（事業主と被保険者が折半負担）。
● 賞与にかかる保険料額＝標準賞与額（賞与の1,000円未満を切り捨てた額。健保上限年度573万円、厚年上限1月150万円）×保険料率（事業主と被保険者が折半負担）。
● 厚生年金基金加入員については、免除保険料率に応じた額を厚生年金基金に振り替えます。
● 厚生年金保険、健康保険ともに等級が改定された場合は、それに応じた保険料となります。
● 健康保険組合加入者の健康保険料率は、健康保険組合ごと異なります。

発行／株式会社サンライフ企画　〒101-0032 東京都千代田区岩本町2-1-15 TEL03(5821)1005

ISBN978-4-904011-99-7　C2036　¥900E　定価990円（本体900円＋税10%）（送料別）